基于资源配置视角的
高质量发展研究

张钟文 著

图书在版编目(CIP)数据

基于资源配置视角的高质量发展研究/张钟文著. —武汉:武汉大学出版社,2022.11
ISBN 978-7-307-23336-2

Ⅰ.基… Ⅱ.张… Ⅲ.全要素生产率—研究—中国 Ⅳ.F249.22

中国版本图书馆 CIP 数据核字(2022)第 179595 号

责任编辑:朱凌云　　责任校对:鄢春梅　　版式设计:马　佳

出版发行:武汉大学出版社　　(430072　武昌　珞珈山)
　　　　　(电子邮箱:cbs22@whu.edu.cn　网址:www.wdp.com.cn)
印刷:武汉邮科印务有限公司
开本:720×1000　1/16　印张:12.5　字数:177 千字　插页:1
版次:2022 年 11 月第 1 版　　2022 年 11 月第 1 次印刷
ISBN 978-7-307-23336-2　　定价:58.00 元

版权所有,不得翻印;凡购买我社的图书,如有质量问题,请与当地图书销售部门联系调换。

序　言

改革开放 40 多年来，中国经济发展取得了伟大成绩，名义 GDP 从 1978 年的 3679 亿元上升到 2018 年的 900309 亿元，按不变价计算，2018 年 GDP 是 1978 年的 34.5 倍，40 年间实现了年均 9.5% 的高速增长。但是 2012 年以来，中国经济由高速增长转向中高速增长，正如习近平总书记在 2013 年中央经济工作会议上提出的，中国经济进入了增长速度换档期、结构调整阵疼期和前期刺激政策消化期的"新常态"。十九大报告明确提出中国特色社会主义进入了新时代，我国经济已由高速增长阶段转向高质量发展阶段。高质量发展的关键在于实现新旧动能的转换，提升全要素生产率（Total Factor Productivity，TFP）。

全要素生产率在增长核算中表示为"索洛余量"，长期以来，经济学家们都倾向于用技术进步来解释它（Solow，1956；Nelson and Phelps，1966；Parente and Prescott，1994）。但是近年来，一篇新的文献则开始从资源配置的视角来解释全要素生产率（Klenow and Hsieh，2009；Dollar and Wei，2007；Bartelsman et al.，2013；Baqee and Farhi，2020）。这篇文献认为，由于受各种扭曲性制度和政策的干扰，资源在企业或行业之间不能得到有效的配置，而正是由于这种"资源错配"（Resource Misallocation）的存在，导致了一些国家全要素生产率水平的低下。这种由资源错配导致的全要素生产率下降，在处于转轨过程中的发展中国家显得更为突出。

本书从资源配置视角来研究中国全要素生产率增长表现及其影响因素，以期为中国实现新旧动能转换和高质量发展提供重要启示。首先，本书系统阐释资源错配与全要素生产率的理论演进，指明了从资源配置视角研究中国全要素生产率的可行路径。其次，本书对中国过去高速增长阶段和中高速增长阶段的动力进行深入分析，从行业层面考察全要素生产率的演进路径，重点研究了行业之间的资源再配置效率。再次，本书构建了一个基于总产出（gross output）行业生产函数的增长核算框架，衡量了资源再配置效率的行业来源。最后，本书对税收负担和产业政策对资源配置效率和全要素生产率的作用进行研究，揭示了影响中国资源配置和全要素生产率的制度因素。

第一章"导论"阐述了本书的研究背景和研究问题，分析了研究的理论意义与实践意义，剖析了研究方法并指明了创新所在。

第二章"资源错配与全要素生产率的理论综述"分别对国内外关于资源错配的研究观点进行综述，从概念、测度、影响、成因等方面全面系统进行阐述，为开展基于资源配置的全要素生产率研究奠定了理论基础，指明了现有研究中存在的不足之处，对可能的研究方向进行了展望。

第三章"中国分行业全要素生产率估计与资源配置效率分析"采用增长核算法测算了中国1985—2015年行业层面的全要素生产率表现，然后基于总生产可能性边界法和跨行业直接加总法测算总体经济生产率的表现，分析中国经济增长动能和行业之间的资源再配置效率。研究发现，资本投入对中国经济增长的贡献最大，全要素生产率增长也起到了很重要的作用。全要素生产率增长率提升的70%来源于行业内部全要素生产率增长，行业间资源配置效率改善的贡献率为30%。

第四章"资源配置效率的行业来源——基于总产出的核算框架"构建了一个基于总产出（gross output）行业生产函数的增长核算框架，来衡量行业间资源错配对总体经济的全要素生产率（TFP）的影响。这一多部门模型基于分行业与总体相一致的TFP测算框架，通过在行业资本和劳动投入上引入税收或补贴的做法来刻画行业层面的要素价格扭曲。一方面补充了资源错配文献中对中间投入作用的分析，同时进一步分析了生产率核算文献中资源再配置效率的行业来源。

第五章"行业生产税负担对资源再配置效率的影响研究"从行业层面对

我国全部经济领域的税收负担进行了考察,并且分析了税收负担对资源再配置效率的影响。通过对生产税的概念、核算制度和我国具体核算方法的梳理,结合对公开数据的收集和整理,构建了覆盖1980—2014年整个改革开放期间并且涵盖了几乎所有间接税的生产税序列,从而为判断我国行业层面的税收负担提供了实证依据。同时,分析了生产税负担代表的政府干预、国有比重和出口导向政策等制度因素对行业间资源再配置效率的影响,在工业部门,生产税负担、国有比重和出口比重均对资源再配置效率有负向影响,而在非工业部门,这些变量对资源再配置效率呈现正向影响。

第六章"产业政策对全要素生产率增长作用机制的研究"分析了与资源配置密切相关的各种选择性产业政策对行业增长和效率的影响,揭示了从20世纪90年代末一直到国际金融危机之后我国产业政策的实施效果,进一步从特惠模式的角度识别了产业政策对生产率影响的机制。研究发现,选择性产业政策对全要素生产率的增长并没有起到促进作用,这缘于选择性产业政策并没有促进行业的研发投资增长。同时,研究揭示了我国产业政策的实施存在明显的特惠模式,体现了"支持国企"和"鼓励出口"的特征,并进一步分析了这两种特惠渠道在影响资源配置方面的异质性,前者会降低行业研发投资,而后者并没有表现出这种影响,从而意味着"支持国企"的特惠渠道会造成动态的资源错配。

目 录

第一章 导论 ... 1
- 第一节 问题的提出 ... 1
- 第二节 研究的意义 ... 4
- 第三节 研究方法与创新之处 ... 6

第二章 资源错配与全要素生产率的理论综述 ... 10
- 第一节 引言 ... 10
- 第二节 国外关于资源错配的研究观点 ... 11
- 第三节 国内关于资源错配的研究观点 ... 15
- 第四节 现有研究的局限及未来研究方向 ... 16

第三章 中国分行业全要素生产率估计与资源配置效率分析 ... 19
- 第一节 引言 ... 19
- 第二节 文献回顾 ... 22
- 第三节 核算框架 ... 28
- 第四节 投入和产出数据的构建 ... 32
- 第五节 中国行业生产率表现分析 ... 40
- 第六节 中国经济增长动能分析 ... 49
- 第七节 与已有研究的比较分析 ... 59
- 第八节 结论性评述 ... 62

第四章 资源配置效率的行业来源
——基于总产出的核算框架 ························ 65
第一节 引言 ·· 65
第二节 文献回顾 ·· 66
第三节 核算框架 ·· 69
第四节 结论性评述 ·· 77

第五章 行业生产税负担对资源再配置效率的影响研究 ········ 80
第一节 引言 ·· 80
第二节 生产税的概念与国际标准 ······················ 83
第三节 中国分行业生产税核算方法与构建 ······ 89
第四节 行业生产税负担 ···································· 104
第五节 生产税负担对资源再配置效率影响的制度解释 ···· 111
第六节 结论性评述 ·· 119

第六章 产业政策对全要素生产率增长作用机制的研究 ········ 121
第一节 引言 ·· 121
第二节 产业政策与全要素生产率的理论回顾 ···· 122
第三节 中国的产业政策历史回顾 ······················ 129
第四节 变量选择与典型事实 ······························ 131
第五节 实证检验 ·· 150
第六节 机制识别 ·· 158
第七节 结论性评述 ·· 173

参考文献 ·· 175

附录 CIP 行业分类与 CSIC/2002 行业分类对应表 ········ 191

第一章 导　　论

第一节　问题的提出

改革开放40多年来,中国经济发展取得了伟大成绩,名义GDP从1978年的3679亿元上升到2018年的900309亿元,按不变价计算,2018年GDP是1978年的34.5倍,40年间实现了年均9.5%的高速增长。但是2012年以来,中国经济由高速增长转向中高速增长,正如习近平总书记在2013年中央经济工作会议上提出的,中国经济进入了增长速度换档期、结构调整阵疼期和前期刺激政策消化期的"新常态"。十九大报告明确提出中国特色社会主义进入了新时代,我国经济已由高速增长阶段转向高质量发展阶段。高质量发展的关键在于实现新旧动能的转换,提升全要素生产率。

从世界范围看,新兴经济体在经历了高速增长后,GDP增长率逐渐向中低速回落是一个较为普遍的规律,在这个过程中,很多国家出现了发展停滞、失业增加、投资回报率降低、社会矛盾凸显等问题(Clarida,2010)。尽管从目前看,我国还没有出现这样的情况,但潜在的风险却必须引起我们的注意。为了预防经济下行带来的风险,避免很多国家在高增长回落后陷入的困境,就必须主动适应新常态、引领新常态,最为关键的,就是要找到新常态下经济发展的新动力。

那么,新常态下经济增长的动力究竟在哪里呢?从经济学角度看,它应该主要来自全要素生产率(Total Factor Productivity,TFP)的提升。在经济学中，TFP 是以一个余项的概念出现的，它指扣除各类要素（如资本、劳动等）投入的贡献后，所不能解释的产出，它通常被用来反映要素的使用效率。在经济增长领域，TFP 是判断经济体的增长质量和增长潜力的重要标准。①

在"旧常态"下，尤其是改革的早期阶段，我国的经济增长主要以要素驱动和投资规模驱动为主。在劳动力和自然资源等投入要素价格低廉的条件下，这种增长方式支撑了我国经济在较长一段时期内的高速增长。但是，在要素价格飙升、环境压力增大的今天，这种主要依靠要素驱动的增长方式显然是难以为继的。在"新常态"下，经济增长必须更多地依靠效率的增进，也就是 TFP 的提高。随着经济进入"新常态"，我国力推的"供给侧结构性改革"的总方针更是明确提出提高全要素生产率的要求。

在经济增长过程中，全要素生产率起着举足轻重的作用，与具体的生产要素相比，它对于经济增长的贡献要更大。② 正是因为其极端重要性，因此不少学者和政策制定者都将其视为整个经济增长的最根本动力。既然全要素生产率如此重要，那么它究竟来自何方？又有哪些因素在影响 TFP 的高低呢？全要素生产率在增长核算中表示为"索洛余量"，长期以来，经济学家们都倾向于用技术进步来解释它（Solow，1956；Nelson and Phelps，1966；Parente and Prescott，1994）。但是近年来，一篇新的文献则开始从资源配置效率的角度来解释全要素生产率（Klenow and Hsieh，2009；Dollar and Wei，2007；Bartelsman et al.，2013；Baqee and Farchi，2020）。这篇文

---

① 例如，诺贝尔奖得主克鲁格曼就曾从 TFP 出发，挑起过一场关于是"东亚经济奇迹"是否存在的大论战。克鲁格曼认为，东亚各国的高速增长主要是由投入拉动的，而不是来自于 TFP 的提升，因此这样的高速增长并不能持续。尽管学界对于克鲁格曼的观点有很大争议，但这场争议却以一种特别的形式让各国政府意识到了 TFP 的重要性。包括新加坡在内的一些国家甚至制定了 TFP 的增长目标。

② 一项著名的研究显示，1988 年时，世界上人均 GDP 排名前五的国家，其人均 GDP 是排名末五位国家的 31.7 倍，但如果让各国之间拥有相同的 TFP 水平，那么该差距将缩小到不到 4 倍（见 Hall & Jones，1999）。由此可见，TFP 的贡献作用要远远大于要素投入。

献认为，由于受各种扭曲性制度和政策的干扰，资源在企业或行业之间不能得到有效的配置，而正是由于这种"资源错配"（Resource Misallocation）的存在，导致了一些国家全要素生产率水平的低下。这种由资源错配导致的全要素生产率下降，在处于转轨过程中的发展中国家显得更为突出。

关于中国改革 40 多年的一个基本共识是：商品市场基本上已经市场化，要素市场，包括劳动力市场、资本市场和土地市场，还需要进一步加大改革力度，破除阻碍要素有效再配置的各种制度约束（袁志刚和解栋栋，2011）。许多研究表明由于受户籍制度和土地制度等方面的约束，劳动力的进一步转移受到阻滞，从而产生了劳动力错配，导致了产业部门之间的就业结构失衡。2013 年年末，我国三次产业就业人数占比分别为 31.4%、30.1% 和 38.5%，但是根据发达国家和早期新兴市场国家的发展经验，在一个成熟的经济体内，第一产业的就业比例大多降低到 10% 以内，中国现有农业部门的就业比例距离 10% 的水平还相差甚远。同时，很多研究也指出我国金融体系由于被国有企业所控制，一部分企业能以较低成本很容易获得融资，而另一些高效率的中小型企业或者新兴行业的企业则很难获得融资。微观层面的要素流动障碍会导致中观层面的经济结构失衡，而这一定会对宏观层面的经济增长产生影响。

由于资源配置对于全要素生产率的作用至关重要，目前已经形成了一系列关于我国资源配置和全要素生产率问题的研究，但是从总体上来看，目前学术界对于资源配置对全要素生产率的影响以及资源配置的行业来源与制度成因的了解依然很欠缺，对如何克服资源错配问题的探讨，则更显不足。在本书中，我们将会针对改革开放以来我国行业层面的全要素生产率及行业之间的资源配置效率进行系统测算，并且分析资源配置效率对总体经济全要素生产率的影响，探索资源配置效率的行业之源。同时就我国的税收政策和产业政策这两个与资源配置息息相关的政策进行分析，进一步探索影响全要素生产率和资源配置的制度原因，以期对资源错配和全要素生产率领域内的研究提供有益的补充。

第二节 研究的意义

对资源错配的成因及其对全要素生产率影响的研究，是发展经济学的一个重要研究论题，也是发展经济学最近几年来迅速崛起的一个研究分支。从理论上讲，这类研究有助于人们更好地认识整个经济增长过程，帮助人们最终解开"经济增长之谜"；从实践上来讲，通过分析改革开放以来我国经济增长过程中资源配置的作用，并从资源错配的视角来探索税收负担和产业政策的影响，对于我国正在进行的"供给侧结构性改革"可提供资以借鉴的思路，实现经济发展方式从粗放发展到集约发展的根本转变。

一、理论意义

经济增长是经济学研究的持久主题，而实现长期可持续增长的驱动力则是全要素生产率的提升。经济中 TFP 的提升主要来自两个方面，一是技术进步，二是资源配置状况的改善，后者对处于转轨过程中的发展中国家显得更为重要，而且也是近年来发展经济学领域研究的热点。

Syrquin(1986)最早将 TFP 的来源分解为各行业的 TFP 及各行业间的再配置效率，但是之后，关于资源配置的研究并没有取得突破性的发展。随着 Hsieh 和 Klenow(2009)开创性地构建了分析框架，定量测算了企业之间的资源错配对全要素生产率的影响程度，资源错配这个领域开始出现迅猛发展。但是已有的理论研究刻画企业或行业生产往往采用增加值生产函数，忽略了对中间投入的考察。本书借鉴国民经济核算领域生产率测算的成果，通过引入行业总产出生产函数来考察行业之间的资源错配问题，从而将行业中间投入在投入产出关系中的链接作用和放大行业内生产率变化对总体生产率影响的效果反映了出来。同时，本书借鉴 Aoki(2012)的方法，将生产率核算文献中资源再配置效率的行业来源进行了分解。

目前国内外关于资源错配的研究主要从微观企业的视角进行考察，但是由于缺乏统一标准的涵盖三次产业且包括全部生产单位口径的微观数据,故而对资源错配的经验研究往往只针对某个或某几个经济领域,只包含某些口径以上的样本,从而使得结论难以有普遍适用性。本书的实证研究利用最新构建的 CIP 数据库,数据涵盖我国经济所有行业,包含的生产单位不仅有规模以上或者限额以上的生产单位,也有规模以下或限额以下的生产单位,而且时间跨度从 1985 年到 2015 年,从而使得本书考察资源配置对全要素生产率的影响在系统性和长期性上表现非常突出。

本书进一步对税收负担和产业政策对资源配置和生产率的影响进行了分析和实证检验,涵盖静态资源错配和动态资源错配,推进了人们对资源错配的成因认识。

二、实践意义

改革开放 40 多年来,我国经济经历了长期的高速增长,但从 2012 年开始,我国经济增速换挡下行,进入了"新常态"时期。与"旧常态"时期我国依靠人口红利、投资驱动和出口导向实现经济高速增长不同,"新常态"时期,随着老龄化社会的逐渐到来,人口红利将逐渐消失,而资本形成和出口即使是要维持现有的水平都已经是非常困难,勿论还要进一步快速增长(杨汝岱,2015)。要实现经济可持续发展,唯一的出路就是提升全要素生产率。全要素生产率的提升,一方面靠技术进步,另一方面要靠资源配置效率的提升,而后者对于处于转轨时期的发展中国家更为迫切,并且潜力巨大(Hsieh and Klenow,2009)。

全面系统地对过去 40 多年我国经济发展过程中的资源配置效率进行评估对于"新常态"下经济提质增效至为关键。测算中国分行业全要素生产率和行业间资源配置效率,从而估计产业结构变迁对总体经济增长效率的影响,并且找出资源配置效率的行业来源,一方面可以估计通过改善资源配置能够释放的增长潜力,另一方面也为评估我国正在进行的产业结构调整的效果以及指明下一步结构调整的方向提供了很好的依据。

通过系统分析我国改革开放以来各行业生产税负担的变动趋势,从长时期的发展趋势来剖析分税制改革之后我国税收负担不断提高的原因,为辨明下一步税收负担的发展方向和设计减税政策提供参考。系统分析税收负担代表的政府干预、国企比重和出口导向等制度因素对资源配置效率的影响，对于更好地"推进供给侧结构性改革"，矫正要素配置扭曲提供明确的政策着力点。

系统研究各种选择性产业政策对行业全要素生产率的影响，并通过实证揭示出我国产业政策实施过程中存在的特惠模式现象，以及进一步深入分析不同特惠渠道是否会造成动态资源错配的异质性，指出了我国过去采用的选择性产业政策带来的负面后果，并为下一步产业政策的改革探索了方向。

第三节 研究方法与创新之处

一、研究方法

本书的研究基于大量的文献回顾工作，应用增长核算的基本理论和方法，结合详细的统计数据进行计量检验来进行。全书从理论、实证和政策等多个角度对资源错配和全要素生产率问题进行了探讨，形成了较为丰富的结论。从研究方法上看有如下特点。

(一) 广泛回顾相关文献

为了能够深入地研究资源错配对全要素生产率的影响，本书在写作过程中查阅了全要素生产率、资源错配、国企改革、"出口企业生产率"悖论、政府干预、税收负担、产业政策等多个领域的相关文献，形成了丰富的文献积累，从而为本书的理论模型构建和实证模型设定打了了坚实的基础。

(二) 扎根国民经济核算理论

本书在构建测算资源错配对全要素生产率的影响程度的理论模型过程

中，深入地研究了国民经济核算领域关于生产率测算的最新成果，对 Jorgenson 等（2005）采用的保持总量数据与行业数据一致性的生产率测算方法进行了充分吸收，而且这也是 OECD 生产率手册当前正式采用的方法，为多国官方统计部门所参考。在分行业生产税构建过程中，对 SNA、IMF、OECD 和 Eurostat 等多个国际组织出台的核算标准进行了参考，同时对我国国民经济核算的最新实践进行了深度分析，在分行业研发投资序列的构建过程中，参考了《弗拉斯卡蒂手册》和多国官方统计部门关于研究投资的最新研究成果。总体来说，本书在理论模型和基础数据构建方面深入扎根于国民经济核算的基本理论。

（三）强调基础数据的质量

进行可比的生产率核算研究，不同行业必须要建立同质化的资本和劳动投入。现有关于中国资源错配或生产率的研究，由于数据限制，大部分没有考虑要素投入的异质性问题。在测算劳动投入时，大部分研究甚至简单地用劳动人数来近似代表劳动投入，更别说考虑劳动小时的异质性问题了；在测算资本投入时，大部分研究没有考虑资本在不同时期构成的变化。本书得益于最新构建的中国产业生产率（CIP）数据库。CIP 数据库是根据 KLEMS 方法论构建的行业投入产出、资本和劳动数据，这一数据库充分考虑了不同类别资本投入和劳动投入的异质性问题，是目前计算中国行业层面生产率方面最科学的数据库。

（四）注重理论分析和政策讨论相结合

本书研究的出发点是对于中国经济增长实际问题的关注，因此对相关理论问题进行考察的同时，十分重视对有关政策的探讨。在分析资源错配对全要素生产率的影响时，我们将样本按照重大政策的变化分成四个时期来考察，充分考虑了政策变化对经济发展模式产生的影响。在税收负担的研究中，我们深入研究了农业税改革、分税制改革、"营改增"改革等税制的变化，从而使得数据构建和结论解读立足中国的经济实践。关于我国产业政策对生产率影响的评估,更是全面回顾了我国改革开放以来产业政策实践的历史,结合具体的产业政策来进行实证分析,并且依据研究的结论在全书最后的章节系统性地提出了矫正要素配置扭曲和提升全要素生产率的政策建议,助力"供给侧结构性改革"的深入推进。

二、创新之处

目前学术界往往从微观视角来进行资源错配和全要素生产率的研究,这些研究存在分析视角不够全面和涉及时间段比较局限的问题,通常只涉及经济的某个或几个领域,涉及的时间段通常集中于1998—2007年①,因此一方面,未能系统考虑经济整体各行业之间的广泛关联性,另一方面,也无法对中国经济的中长期发展规律形成深入的认识。本书不同于以往的研究,我们利用最新构建的 CIP 数据库进行行业层面的研究,CIP 数据库涵盖了所有三次产业共 37 个两位数行业,不仅包括规模以上或者限额以上的生产单位,同时也包含了规模以下或限额以下的生产单位,持续时间为 1985—2015 年,这使得本书的研究视角更为全面系统,揭示经济发展规律更具长期性和时效性。

本书的创新点如下。

(1)在本书的第二章中,对资源错配问题的文献进行了较为详细的梳理,比较清晰地阐述了其概念提出、发展脉络以及最新进展,并且在此基础上指出了现有研究的不足和未来可待发展的方向。

(2)在本书的第三章中,构建行业增加值函数的总生产可能性边界(APPF)核算框架,基于 Jorgenson 和 Griliches 建立的生产率测算对同质化要素投入的理论,构建了中国 1985—2015 年行业层面的资本投入数据;在保持行业与总体经济一致性的框架下,基于更为细分的行业投入产出数据,测算了 1985—2015 年分行业 TFP 增长率,分析了总体经济生产率增

---

① 目前采用工业企业数据库来研究资源错配和全要素生产率的文章基本都是对 1998—2007 年进行的分析。

长的行业来源，并且重点分析了行业之间的资源再配置效率。

（3）在本书的第四章中，我们构建了一个基于总产出（gross output）行业生产函数的增长核算框架，来衡量行业资源错配对总体经济的 TFP 的影响。这一框架补充了资源错配文献中对中间投入作用的分析，同时进一步分析了生产率核算文献中资源再配置效率的行业来源。

（4）在本书的第五章中，我们重点考虑了一种造成扭曲的制度——税收负担对资源配置效率产生的影响。我们首次从行业层面对我国全部经济领域的税收负担进行了考察，构建了 1980—2014 年 37 个行业的生产税负担，使得本书可以从长时期的视角来分析我国"税负重不重"的问题，并且结合国有比重和出口导向政策等制度因素，分析了生产税代表的政府干预制度对行业间资源再配置效率的影响，这也是国内首次全面系统考察这些关键性的制度对资源再配置效率的作用。

（5）在本书的第六章中，我们系统研究各种选择性产业政策对行业全要素生产率的影响，我们发现选择性产业政策对全要素生产率的增长并没有起到促进作用。进一步我们揭示了我国产业政策实施存在明显的特惠模式，体现出"支持国企"和"鼓励出口"的扭曲性特征，而"支持国企"的特惠渠道会降低行业研发投资，从而造成动态的资源错配。

第二章 资源错配与全要素生产率的理论综述[①]

第一节 引　　言

为什么存在国富和国穷的分流？这是经济学领域最重要的问题之一。尤其是最近几十年来，关于各国之间收入差异根源的研究更是不断涌现（Prescott，1998；Hall and Jones，1999）。这些研究形成了一个共识：从根本上看，"国富国穷"最终并不取决于物质生产资料的多寡，而取决于全要素生产率（TFP）的高低。但为什么在不同国家之间存在如此显著的 TFP 差异呢？长期以来，学者们都倾向于用技术进步来解释（Nelson and Phelps，1966；Parente and Prescott，1994）。然而近年来，有学者开始从资源配置效率的角度解释 TFP（Hsieh and Klenow，2009；Bartelsman et al.，2013）。研究认为，由于受各种扭曲性制度和政策的干扰，资源在企业或行业间不能得到有效配置，且正是由于这种"资源错配"的存在，导致部分国家 TFP 水平低下。显然，"资源错配"的观点，为研究"国富国穷"问题提供了崭新的视角，也为相关政策的制定提供了更多的思路和选择。

到目前为止，大批国内外学者已从多个角度对"资源错配"及其对生产率的影响进行了相关的研究。本章的目的是对这些已有研究进行一个简要

[①] 本章形成的学术论文发表于《经济纵横》2016 年第 5 期，其他作者包括陈永伟、许宪春。

综述，为后文的写作提供参考。除引言外，本章包含三个部分：第二、三部分分别介绍国外和国内学者进行的主要工作，第四部分则探讨现有文献中存在的不足之处，并对可能的研究方向进行展望。

第二节　国外关于资源错配的研究观点

一、关于"错配"的概念

所谓资源"错配"一般针对于资源"有效配置"提出。在经济学中，"有效配置"指在有限资源约束下使产出最大化的配置状态，而"错配"则是对这一理想状态的偏离。Banerjee 和 Moll(2010)认为，存在两种类型的错配：一种是"内涵型错配"，即生产要素之间没有按照"等边际法则"实现配置。从微观经济理论可知，如果所有企业的生产技术都是凸的，那么资源的"有效配置"意味着其配置到每一个生产单位能得到相同的边际产出。如果这一条件未能满足，那么就存在调整资源配置来提升产出的空间。另一种是"外延型错配"。这是一种资源在现有企业间已达到"等边际配置"时存在的"错配"。Banerjee 和 Moll 指出，只有在两种情况下，才可能出现"外延型错配"，要么有些企业的生产技术是非凸的，要么具有更高生产率的企业因各种壁垒没能进入。

二、对"错配"的测度

由于研究中所能观测到的只是现实的资源配置状况，而不能观测到"有效配置"状况，因此在操作中很难测度"错配"的程度及由"错配"造成的 TFP 降低和产出缺口。学者们为评价"错配"程度及其影响的大小，采用了两种观点：第一种是"直接观点"，即先验地认定经济中的某种扭曲是造成"错配"的主要来源，通过异质性模型建模，直接得出"错配"的程度及其影响(Restuccia and Rogerson, 2013)。如，Hopenhayn 和 Rogerson(1993)关于解雇成本带来的"错配"的影响，就是这种分析观点的代表。还有部分学者用这种观点分别考察了规模相关政策和金融约束等因素造成的"错配"的影响(Guner et al.,2008；Buera et al.,2011)。第二种是"间接观点"，这种观点并不先验地认定造成"错配"的主要扭曲，而是将所有可能的扭曲，都用加在价格上的"税收楔子"来表达。通过将带有扭曲"楔子"的均衡配置和不带"楔子"的均衡配置进行比较，就可刻画出"错配"及其影响的大小。最近一些有影响力的文献，如 Hsieh 和 Klenow(2009)、Restuccia 和 Rogerson(2008)都采用"间接观点"来测度"错配"的影响。

三、对资源错配影响的经验考察

Banerjee 和 Duflo(2005)认为若经济中的资源存在"错配",[①] 那么就会对整个经济的生产率和产出造成很大的负面影响。目前，已有大量研究对这种观点予以验证，根据数据的不同，可以分为两个层面，一类是从微观企业层面的数据来考察，另一类是从中观行业层面的数据来考察。

在微观企业层面，Hsieh 和 Klenow(2009)指出，当经济中存在的扭曲更为严重时，以产值度量的企业生产率(TFPR)方差将会更大。在一定的结构化假设下，推导出整个经济的 TFP 水平同经济中各企业的 TFPR 方差之间的关系。利用这一关系，Hsieh 和 Klenow 用中国、印度两国的微观企业数据，分析了"错配"对两国生产率带来的损失。研究发现，如果可以消除市场中的扭曲，那么中国的 TFP 可以提升 30%~50%，印度的 TFP 可以提升 40%~60%。Bartelsman 等(2013)对中、东欧多个国家的"错配"进行了考察。研究指出，在有效的资源配置下，各企业的规模与企业的 TFP 正相关，因此可以通过考察企业规模和 TFP 的相关性对"错配"的程度进行测

---

① 由于"错配"是相对于"有效配置"得出的，因此计算得到的"错配"影响程度在很大程度上取决于"有效配置"参照系的选择。当采用理论推导的理想水平作为"有效配置"时，得到的"错配"影响会很大；而采用一个具体经济体的状况作为参照系，则会得到较小的估算值。在现实的研究中，不同的作者根据各自的需要选择了不同的参照系，这会在一定程度上导致结论的不可比较性。这提示研究者在援引和比较不同研究的结论时，必须特别注意各研究中使用的参照系的差别。

算。利用这一框架，研究发现通过纠正"错配"，可以让被测算国家的产出获得 15% 左右的增进。在中观行业层面，目前使用行业数据进行分析的主要框架是 Aoki（2012）开发的，其以美国为参照，采用 EU-KLEMS 数据库测量了主要发达国家的行业资源错配对总体 TFP 的影响，研究发现资源错配能够解释日本与美国之间超过 9% 的生产率差异。

四、资源错配的成因

既然资源错配会对经济体的 TFP 和产出造成重大的损失，那么纠正"错配"就可以在不增加资源投入的前提下让经济体的产出水准获得大幅提升。而为纠正"错配"，就需要首先找出"错配"的来源。目前的文献中主流观点认为，是各类扭曲造成了资源的"错配"。

一是金融市场的扭曲。Jeong 和 Townsend（2007）是较早定量分析金融摩擦与经济发展的学者，其研究发现泰国从 1970 年到 1990 年的 TFP 增长中有 70% 可以用金融部门的发展来解释。Amaral 和 Quintin（2010），Greenwood 等（2010）对金融摩擦的长期影响进行了研究，指出因金融摩擦导致的 TFP 损失是惊人的。金融摩擦是通过何种机制来导致 TFP 损失的，Buera 和 Shin（2013）通过理论模型给出了说明。一方面，对于给定的在位企业，金融摩擦会造成这些企业之间的资本配置扭曲，即资本的错配；另一方面，金融摩擦会扭曲企业家的进入和退出选择，即企业家才能的错配。研究还通过考察"经济奇迹"国家的转轨过程，发现尽管改革优化了资源的再配置效率，但由于金融摩擦的存在，使这些国家向新稳态收敛的过程大大延长，半程收敛时间是通常新古典模型预测的 2 倍。但 Midrigan 和 Xu（2014）利用韩国和哥伦比亚的数据进行估计，认为尽管两个国家都存在较严重的金融摩擦，超过一半的企业面临金融约束且平均面临 5% 的外部融资溢价，但金融摩擦对两个国家的 TFP 造成的损失却非常小，仅分别为 2% 和 1%。

二是劳动力市场的扭曲。Hayashi 和 Prescott（2008）通过考察 1885—1940 年日本阻碍农业部门劳动力转移的制度，解释了日本战前经济的有限资本积累和低速增长，并且定量地指出如果消除这种障碍，能使战前日本人均 GNP 从美国的 1/3 上升到 1/2，而且这一增长还只是下限，原因是并没有考虑到开放经济中日本利用比较优势进一步转移农业劳动力。Munshi 和 Rosenzweig（2016）对印度农村与城市间存在较大的工资剪刀差和农村男劳动力迁移不频繁并存的现象进行了分析，指出这种劳动力错配存在的根源在于，农村存在以种姓为基础的保险网络和城市缺乏正规保险市场，该研究意味着正规保险市场的发展将会极大增加农村劳动力的流动性，从而减少劳动力在空间上的错配程度。

三是不合理的产业政策。Peek 和 Rosengern（2005）认为不合理的产业政策（如"债务延期"）会导致资源错配，进而使 TFP 和产出遭受损失。东亚经济体普遍存在的"僵尸企业"就是一种由"债务延期"政策导致的资源错配现象。Caballero 等（2008）分析了日本商业银行体系"债务延期"政策对日本经济停滞的影响。在经济下行时期，商业银行为满足资本充足率的要求，同时也为免遭公众指责和顺应政府减缓"信贷紧缩"压力的意图，对那些一直亏损本应破产的企业进行债务延期，从而形成了所谓的僵尸企业。僵尸企业的出现，一方面使本应通过企业破产而释放的资本和劳动被继续限制在低效率的企业里，另一方面通过压低价格和抬高工资降低了高效率的潜在进入企业预期的利润与抵押物的价值，从而抑制了新企业的进入与投资。僵尸企业的存在压制了行业工作机会的创造和降低了生产效率，并且使僵尸企业与正常企业之间的生产率差距被拉大。

四是不完全信息。David 等（2014）构建了一个理论模型，将不完全信息和资源错配联系起来，进而联系到总体 TFP 和总产出。在模型中，当企业做要素投入决策时，面临一系列嘈杂的信息源。通过利用美国、中国和印度的数据进行实证，研究发现，即使资本投入决策是在不完全信息条件下进行的，信息摩擦也会导致明显的 TFP 和总产出损失。Fuchs 等（2015）构建了含有资本异质性的两部门分权经济，通过引入信息不对称来考察其对一般均衡的动态影响，信息摩擦带来了逆向选择，从而导致了缓慢的资源流动和持久的资源错配。

第三节　国内关于资源错配的研究观点

我国是发展中国家,改革开放 40 多年来经济取得了高速发展,但也积累了一些结构性和制度性的扭曲。近年来,越来越多的国内学者开始关注资源错配问题,已有大量文献应用经典分析框架,对我国资源错配的影响和成因等进行了考察。

一、对资源错配影响的经验考察

关于我国资源错配影响的研究,大致遵循四种方法:TFP 的分解法、动态随机一般均衡(DSGE)模型法、Aoki 的方法以及 Hsieh 和 Klenow 的方法。首先,TFP 分解法将 TFP 增长率分解为企业内部效应和再配置效率,根据再配置效率包含的具体细项不同,又分为 OP 方法、BHC 方法①和 GR 方法。聂辉华和贾瑞雪(2011)采用了三种分解方法对制造业 TFP 进行了分解,指出行业 TFP 增长源于企业内部效应,而再配置效率则为负。简泽(2011)利用前两种分解方法对 4 个四位数制造业行业进行了考察,发现企业之间的再配置效率成为行业 TFP 增长的主要来源。其次,DSGE 模型法既可用于"直接观点"来估计某种特定扭曲对总体 TFP 的影响(如金融摩擦),也可用于"间接观点"来估计综合性扭曲对总体 TFP 的影响。罗德明等(2012)构造了带有进入、退出异质性企业的 DSGE 模型,定量考察了偏向国企政策使总体 TFP 下降了 9%。再次,Aoki 的方法主要是针对行业层面的数据,测算行业之间的资源错配对总体 TFP 的影响。袁志刚和解栋栋(2011)采用该方法分析了农业部门的过度就业对总体 TFP 的影响,指出劳动力在农业与非农业部门之间的错配带来了 TFP 的损失在 −18%~−2%。陈永伟和胡伟民(2011)对 Aoki 的工作进行拓展,并用新框架对我国的资源错配动态进行分解。分析得出,中间产品市场上存在的价格扭曲造成的

---

① 聂辉华和贾瑞雪(2011)将其命名为 BCD 方法。

资源错配现阶段最不容忽视。最后，Hsieh 和 Klenow 的方法主要用于衡量行业内部企业之间存在的资源错配，陈晓光（2013）利用该方法探讨了企业面临的增值税有效税率差异对总体效率的影响，由于这一制度扭曲，使 2000—2007 年我国规模以上工业企业总体 TFP 年均损失达到 7.9%。朱喜等（2011）使用该方法分析了农户家庭生产的要素配置扭曲对农业 TFP 的影响，研究发现如果能够消除要素配置扭曲，农业 TFP 能够提升 20% 以上。

二、资源错配的成因

李系等（2014）从企业上下游"垂直结构"的角度考察了国有企业带来的资源错配，研究发现国有企业垄断关键的上游行业，而下游产业基本上对民营企业开放并允许自由竞争，这样的经济发展结构严重扭曲了要素的相对价格，阻碍结构转型和遏制产出增长。鄢萍（2012）研究了造成资本错配的三种市场不完美：资本的调整成本、投资不可逆性和企业间的利率差异，指出不同类型的企业面临差别利率是造成资本错配最重要的因素。陈斌开等（2015）利用 2000—2007 年我国全部国有及规模以上工业企业数据研究了住房价格与 TFP 的关系，指出高房价导致的企业利润率与 TFP 的"倒挂"机制是产生资源错配及降低资源配置效率的主要原因。

第四节 现有研究的局限及未来研究方向

国内外对于资源错配的研究大幅扩展了学界对 TFP 形成机制的认识，加深了对"国富国穷"问题的理解，一系列的研究对于传统的发展经济学和经济增长研究确实有着革命性的意义。但需要指出的是，尽管目前的相关研究已取得丰硕的成果，但还存在明显局限。

首先，现有的研究主要侧重于对"内涵型错配"的研究，而对"外延型错配"的研究相对不足。部分学者出于技术上的简化，往往对"外延型错配"进行回避，但这样的简化处理显然会导致对错配影响程度的低估。尤其是在众多发展中国家，普遍存在产业管制等各种扭曲性政策，这些政策不仅会对在位企业间的资源配置产生影响,而且会直接影响企业的进入、退出决策,如果在对这些国家的分析中忽略"外延型错配"的影响,则研究结果就会大打折扣。

其次,现实中造成扭曲的因素是多方面的,尽管已有研究探讨了其中的部分原因,但还有不少制度性的因素未被充分研究。而且目前对资源错配的研究主要集中在工业和农业领域,对服务业进行研究的比较罕见,使从整体经济角度进行系统性考察资源错配的机制存在盲区。

再次,现有研究出于简化分析的需要,往往把资源配置和企业自身的生产率演进视为两个彼此独立的过程,这是不符合实际的。现实中,企业的技术水平受其研发投入行为的影响,而企业究竟对此付出多大的投入,显然与企业遭受的市场扭曲紧密相关。从这个角度看,企业生产率演化的过程显然是和市场中的资源配置过程相互影响、彼此交织的,如果用静态的观点人为将其划分为两个过程,则可能对分析的结论产生很大影响。

最后,现有研究对如何克服资源错配问题的探讨明显不足。事实上,尽管经济中广泛存在阻碍资源有效配置的各类扭曲,并且有些扭曲在短期内难以消除,但市场的力量总会演化出更新的制度或体制,在既有约束下提升资源配置的效率。显然,对这种市场演化力量的探讨对于理解转型国家的经济发展很有意义,但目前相关的研究依然较少。

针对既有文献的局限性,今后,关于"资源错配"有以下几个方向值得继续深入研究。

一是综合考虑两类错配的影响,全面考虑各种扭曲对 TFP 带来的影响。尽管这在技术处理上是相对复杂的,但 Yang(2012)等一些文献为这些工作建立了基本的分析框架,因此进一步的研究是可行的。二是进一步拓展对"错配"来源的分解分析,切实搞清各类扭曲对 TFP 的影响程度,重点考察制度、法律和文化等因素对错配的影响。在此过程中,整理出涵盖全部三次产业的数据,并对产品市场和全部要素市场(包括中间投入)扭曲的影响进行综合分析。三是在分析的过程中,将资源配置和企业自身生产率的演进两个过程统一处理。在推进这项工作时，可以借鉴 Peters(2011)的研究思路。四是结合实际，对现实中存在的克服资源错配的市场过程及其作用机制进行考察，并总结出相应的政策启示。

第三章　中国分行业全要素生产率估计与资源配置效率分析①

第一节　引　　言

从新古典经济理论出发，对于一国增长动能的研究，离不开从生产要素角度的测算分析，即将经济增长分解为要素投入和全要素生产率的贡献（Solow，1957）。已有文献以 TFP 为切入点研究中国增长动能，有的只考虑宏观总体生产率，有的只考虑部分行业生产率，有的采用微观数据测算局部部门的生产率，较少研究将总体经济和行业之间建立系统的联系。传统意义上，TFP 被等同于技术进步，但是资源在跨部门之间的配置也是TFP 很重要的来源（Syrquin，1986）。中国是一个转型经济体，大量研究指出改革开放以来，我国在市场化建设方面取得了显著成就，农业家庭联产承包责任制改革、国有企业改革、加入 WTO 融入全球化竞争等，一系列重大的改革事件被称为"改革红利"，为中国经济增长注入源源动力。但需要指出，仍然存在一些制度性约束阻碍着资本和劳动等生产要素的自由流动（张钟文，2015）。因此，探究中国经济增长的动力来源，不仅需要从总量上分析生产率的表现，更需要建立一个保持行业与总体经济一致性的框架，分析总体经济生产率增长的行业来源，并且重点分析行业之间的资源

---

① 本章形成的学术论文发表于《世界经济》2020 年第 2 期，其他作者包括许宪春、常子豪和雷泽坤。

再配置效率。本书结合 Jorgenson、Gollop 和 Fraumeni（1987）和 Massell（1961）分别构建的基于行业总产出函数和行业增加值函数的增长核算框架，构建了基于行业增加值函数的总生产可能性边界（Aggregate Production Possibility Frontier）核算框架，并结合跨行业直接加总法，对中国过去高速增长阶段和中高速增长阶段的增长动力进行深入分析，探索效率提升的行业源泉和跨行业之间的资源再配置效率。有利于更加清晰地认识中国经济增长和效率提升的动力所在，明确新时代经济增长的主要动力和新旧动能转换的主要方向，对于推进高质量发展具有非常重要的理论与实践意义。

纵观已有测算中国 TFP 的研究，结论差异非常大。一些学者认为中国过去的高速增长主要是要素投入所致，TFP 增长对经济增长的贡献泛善可陈，如 Krugman（1994）、Young（2003）、Ozyurt（2009）等；而另一些学者则认为改革开放以来，TFP 增长是中国经济高速增长的重要动力来源，如 Bosworth 和 Collins（2008）、Perkins 和 Rawski（2008）、Brandt 和 Zhu（2010）等。究其原因，主要在于估计方法、产出测算和要素投入测算方法存在较大差异。在生产率测算方法中，增长核算法在揭示 TFP 变动内在机制或驱动因素方面优势明显，也是主要国际组织和有关国家政府统计部门普遍采用的方法，如 OECD 和美国 BLS 等，本书从宏观和行业视角测算生产率时采用了这一方法。同时，进行可比的生产率核算研究，不同行业必须要建立同质化的资本和劳动投入，这是现有测算中国生产率的实证研究中较少考虑的。本书充分考虑了投入要素的异质性，基于同质可比的行业产出、资本投入与劳动投入数据，对中国 1985—2015 年的经济进行了实证研究。针对许多关于中国 TFP 的研究在总量层面采用总生产函数测度 GDP，本书采用较少假设的总生产可能性边界框架，通过对比指出了总生产函数依赖的假定对 TFP 测算结果的影响，从而，本书能够更加客观科学地测算分行业及总体经济的 TFP 增长，为准确判断中国经济增长的动力源泉奠定坚实的基础。

本书发现，1985—2015 年，在中国年均 9.4% 的 GDP 增长速度中，资本投入的贡献为 6.27 个百分点，贡献率为 67%，发展模式的投资驱动特征十分明显；而 TFP 年均增长率为 2.3%，贡献率为 24%，对于中国经济高速增长也起到了重要作用。通过分解 TFP 增长率，我们发现行业内部 TFP 增长率的贡献为 1.6 个百分点，对总体 TFP 增长率的贡献率为 70%，是中国经济效率提升的重要源泉；劳动再配置效率的贡献为 0.61 个百分点，对总体 TFP 增长率的贡献率为 27%。资本再配置效率的贡献为 0.09 个百分点，对总体 TFP 增长率的贡献率仅为 4%。

本书进一步分阶段从行业贡献考察了效率提升的来源，我们发现，在 2008 年之前，工业中处于下游且更多面向出口的产成品和半成品制造部门是拉动效率提升的驱动因素，这个部门也是中国制造的主力军。一方面这个部门是市场化改革最为彻底的部门，民营经济的占比比较高，提升了行业的效率；另一方面，受对外开放的影响，这一行业比较充分地融入全球竞争，能够利用赶超优势来不断学习外部的技术，从而提升行业自身的效率。但是随着中国制造向技术前沿的赶超，通过规模扩张来利用外部技术溢出带来效率提升的空间在逐步缩小，同时 2003 年以来制造业普遍存在的加速投资趋势也使得行业内的资本配置效率在恶化，从而降低了制造业的 TFP 增长。随着中国基础设施投资的快速上升，比如高铁建设、港珠澳大桥等大型工程建设，使得中国的建筑技术得到了大幅提升，从而建筑业的效率提升成为支撑中国在国际金融危机之后效率提升的重要驱动力。生产性服务业，尤其是信息通信服务业 2003 年之后高速发展，效率提升的表现非常突出。由于信息通信技术是一般通用技术（General Purpose Technology），也在与其他行业不断融合，具有全面拉动其他行业效率提升的潜力。随着农业过剩劳动力的逐步转移和现代农业技术的发展，农业一直是驱动中国效率提升的主要行业。能源行业处于工业的上游，是国企比重较高且受到行政干预很严重的行业，其效率表现是各行业中比较差的；我国房地产业从 1998 年全面房改开始高速发展，但是由于土地供给的国家控制和地方政府通过土地财政来发展经济的策略，使得房地产行业存在明显的过度投资和严重的资源错配问题，该行业的生产率表现是各行业中最差的，而且房地产业的过度投资带来了整个经济跨行业之间的资本再配置效率的恶化,"四万亿"刺激之后表现得更加突出。

第二节 文 献 回 顾

本节将从两个方面对有关文献进行回顾,一是全要素生产率的测算,二是中国经济增长的动力来源。

一、全要素生产率的测算

Tinbergen(1942)最早在古典的生产函数中加入了时间趋势用来代表效率,也就是生产率的概念,与此同时,Stigler(1947)独立提出了全要素生产率(TFP)的概念和分析方法。这两位学者的开创性工作开启了 TFP 研究的先河。Solow(1957)将生产理论和指数理论结合起来,提出了总体经济增长核算框架并利用计量回归方法测算了美国的 TFP,这是系统性测算 TFP 方法的首次提出。随后,Kendrick(1961,1973)和 Denison(1962,1974)对美国的 TFP 测算展开了大量研究。Jorgenson 和 Griliches(1967)指出产出和投入要素测算方面的误差使得之前的研究对美国 TFP 的估计存在严重高估。进行可比的生产率核算研究,不同行业必须要建立同质化的资本服务和劳动服务(Jorgenson,1990),而不是用资本存量和劳动人数或小时数来简单替代,需要根据资本和劳动的边际产出来调整资本存量和劳动小时的权重。目前这一规范已经在国际上被广泛接受,《OECD 生产率测算手册》就采用了这一规范来指导各成员国统计部门的 TFP 增长测算,提高测算结果的可比性。

国内学者对 TFP 的关注始于 20 世纪 80 年代初,进行了不少源于我国实际的探索,也取得了一些有意义的结果。史清琪等(1985)较早地开展了度量我国技术进步的研究,但较为系统地借鉴国外增长理论和方法考察我国经济发展过程中的 TFP 演进问题,则始于 20 世纪 90 年代初。既有从宏观或行业层面对我国 TFP 的估计(Chow,1993;Chow and Lin,2002;张军,2002;任若恩和孙琳琳,2009;Cao et al.,2009;孙琳琳等,2012;

Wu，2015b)，也有从微观企业层面对某个部门(制造业、农业)TFP 的估计(Brant et al.，2012；任曙明和吕镯，2014；杨汝岱，2015；盖庆恩，2017)。纵观学者们的研究，目前还是缺乏对我国 TFP 测算的一致认识(Zhu，2012；Wu，2015b)。

  纵观宏观、行业与微观层面的 TFP 研究，TFP 的估计方法大致分为两大类：参数估计法与非参数估计法。参数估计法主要包括计量回归法和随机前沿生产函数法(SFA)，非参数估计法包括增长核算法、数据包络分析(DEA)和 Malmquist 指数法。参数估计的计量回归法采用经济计量回归法计算投入要素产出弹性，主要用来研究 TFP 变动和规模报酬。但是计量回归法面临的主要问题是异质性和内生性问题。SFA 将 TFP 增长率分解为技术进步和技术效率，并且考虑了随机因素带来的影响，但是该方法的缺陷是需要主观设定生产函数的形式和随机误差项与技术无效率服从的概率分布，同时估计的样本量不够大则会带来估计偏误，在宏观和行业层面生产率的估计中应该谨慎应用。增长核算法主要是指基于生产理论的指数法，其权重计算方法与计量回归法不同，由于采用收入份额来估计，从而改进了计量回归法中投入产出弹性跨时间固定不变的问题，也解决了不同行业之间投入产出模式异质性的问题，更加符合实际情况。需要指出的是该方法本身也存在不足，假定规模报酬不变、市场完全竞争和生产处于最优效率的状态下，这些假设在实践中未必满足。数据包络分析法(DEA)不需要考虑具体的函数形式，也适用于多投入、多产出的情形。但该方法没有考虑随机测量误差和噪音的影响，把观察值到前沿面的偏差都当作无效率的结果，且不能处理单个样本的时间序列数据，必须对面板数据或截面数据进行测算。DEA-Malmquist 指数法作为 Malmquist 指数与 DEA 的结合，不需要投入产出的价格信息，因此对于非市场型服务业具有较强的适用性。该方法的缺点也在于不能处理单个样本的时间序列数据。总体来说，各种 TFP 测算方法均有其优点和缺点，并没有一个完美的方法存在，对于方法的选择需要针对具体的分析对象和数据来进行。在基于总量层次和产业层次的生产率增长核算中，《OECD 生产率测算手册》推荐使用增长核算法，指出增长核算框架具有两个优点：清晰地说明计算全要素生产率的一些假定；并且保证了实证工作的一致性。白重恩和张琼（2014）认为对于考虑TFP变动内在机制或驱动因素而言，增长核算法更胜一筹。

由于要素存在异质性，所以需要构建要素投入指数。现有关于中国生产率的研究，由于数据限制，除了少数采用KLEMS框架的研究对要素投入的异质性进行了处理（任若恩和孙琳琳，2009；Cao et al.，2009；孙琳琳等，2012），大部分没有考虑要素投入的异质性问题。在测算劳动投入时，大部分研究甚至简单地用劳动人数来近似代表劳动投入（Borensztein and Ostry，1996；Chen et al.，1988；Chow，1993；Hu and Khan，1997；Bosworth and Collins，2008；Perkins and Rawski，2008），更别说考虑劳动小时的异质性问题了。采用劳动人数依赖于一个很强的假定，即不同的劳动者的平均劳动时间是一样的，而且不同人力资本的劳动者的边际报酬是一样的，显然这是不现实的。在测量资本投入时，大部分研究直接采用了资本存量替代资本投入，没有考虑不同类别资本在产出效率上的差异以及资本结构变化带来的资本投入质量的变化，这导致没能将体现型技术进步从TFP中剥离出来。在采用永续盘存法构建资本存量的过程中，不少研究对于投资流量的选择没有区分全社会固定资产投资和固定资本形成总额的差异。正是由于已有研究中大量存在的基础数据构建不恰当，导致了最终结果与政策建议的可信性有待商榷。

二、中国经济增长的动力来源

改革开放40多年来，中国经济快速发展，关于中国经济增长动力来源的讨论也伴随发展的始终。Krugman（1994）对中国在内的东亚国家的经济腾飞提出了质疑，认为主要是靠大规模投资和劳动投入积累所致，并不是效率提升所带来的。Young（2003）和Ozyurt（2009）的研究也支持了这一观点。而另一些学者则认为改革开放以来，TFP增长是中国经济高速增长的重要动力来源，如Bosworth和Collins（2008）、Perkins和Rawski（2008）、Brandt和Zhu（2010）等。正如之前所述，若要从生产率角度来科学探讨中国经济增长的动力,其前提是选择合适的方法和构建高质量的投入产出数据。

从理论层面而言,TFP 为所谓的 Solow 余值,这一"黑匣子"本身即是对我们"未知"的度量。正因为如此,探讨经济增长动能的很多研究试图打开这一"黑匣子"。传统意义上,学者们往往认为 TFP 的主要来源是技术进步,但是资源在跨部门之间的配置也是 TFP 很重要的来源(Syrquin,1986)。许多学者的研究指出,我国经济快速发展动力与政策改革密不可分。改革开放以来,通过家庭联产承包责任制、取消暂住证等制度改革,劳动力得到了极大解放,农村过剩劳动力得以转移到城市、农业部门的劳动力得以转移到工业和服务业部门,从而带来了劳动力配置效率的极大提升,使得中国人口红利得以体现(刘世锦,2006;Trevor and Zhu,2015;蔡昉等,2018)。在我国以间接融资为主导的金融体系下,一部分低效率的国有企业能以较低成本很容易获得融资,而另一些高效率的中小型企业或者新兴行业的企业则很难获得融资,从而导致了严重的资源错配。伴随着"抓大放小"国有企业改革的深入推进,工业领域国有企业的比重大幅下降,私营企业的比重大幅上升,从而使得资本配置效率成为 TFP 提升的重要来源(Hsieh and Klenow,2009;Song et al.,2011;Brandt et al.,2012)。

对于转型经济体来说,政府在资源配置领域的干预是普遍存在的,从而资源的配置效率对于理解转型经济体的 TFP 增长是至关重要的。尽管已有研究指出改革开放以来,我国的劳动力和资本配置效率对经济增长起到了正面作用,但是大多数都是基于规模受限的样本,比如局限于工业。中国经历了 40 多年的改革开放,不少制度性的障碍已经被消除,但是依然存在一些制度性约束阻碍着要素的自由流动,对整体经济各个行业都会产生影响。比如现行的户籍制度和土地制度依然对劳动力自由流动造成了限制,中国农业劳动力向其他部门转移仍然充满潜力(Trevor and Zhu,2015;蔡昉等,2018)。国有企业与私营企业之间的资本错配,对工业和服务业的 TFP 增长均有负面影响(Brandt et al.,2013)。目前,在保持总体经济与行业一致的框架下,从 TFP 视角系统考察中国的增长动力以及资源跨行业配置的研究并不多见。刘伟和张辉(2008)从三次产业层面对 1978—2006 年的要素生产率进行了分解,考察了技术进步和产业结构变迁带来的资源配置效率对经济增长的影响。Cao 等(2009)从行业总产出(gross output)生产函数出发,采用 KLEMS 框架分 33 个行业对 1982—2000 年的经济增长进行了考察,对总体经济 TFP 增长分解了行业内部 TFP 增长与跨行业之间的资源再配置效率。蔡跃洲和付一夫(2017)根据 Massell(1961)的框架,从行业增加值(value added)生产函数出发分 17 个行业对 1978—2014 年的总体经济 TFP 增长率进行了考察,分析了技术效应和结构效应对经济增长动能的贡献。

三、既有研究评述及本书研究思路

鉴于改革带来的资源配置效率提升对于理解中国经济增长是至关重要的、探究中国经济增长的动力来源,不仅需要从总量上分析生产率的表现,更需要建立一个保持行业与总体经济一致性的框架,分析总体经济生产率增长的行业来源,并且重点分析行业之间的资源再配置效率。针对以上几个建立了总体经济与行业一致分析框架的研究,学者们在行业生产函数的选择上有所区别,刘伟和张辉(2008)、蔡跃洲和付一夫(2017)选择了增加值行业生产函数,Cao 等(2009)选择了总产出行业生产函数。从理论源头追溯这两套框架,前者来源于 Massell(1961)对总体经济的分行业分解,后者来源于 Jorgenson,Gollop 和 Fraumeni(1987)对美国 1947—1979 年的生产率与经济增长研究中最早提出的 KLEMS 框架。也有一些研究分别采用了这两套框架进行实证,Kendrick(1973,1983),Kendrick 和 Grossman(1980)均采用了增加值行业生产函数的框架,Jorgenson 和 Stiroh(2000),Jorgenson,Ho 和 Stiroh(2005)采用总产出行业生产函数的框架对 IT 技术带来美国生产率的复苏进行了分析。本书首次从理论上比较和分析了总产出生产函数与增加值生产函数对行业 TFP 增长率与总体经济 TFP 增长率测算的影响,在此基础上结合 Jorgenson,Gollop 和 Fraumeni(1987)、Massell(1961)建立了基于行业增加值函数的总生产可能性边界(APPF)核算框架。

针对已有关于中国 TFP 测算的研究中，建立同质化的资本投入和劳动投入数据的较少。Cao 等(2009)和孙琳琳等(2012)建立了同质化的要素投入，但是只分析到 2005 年，没法考察全球金融危机和中国进入新常态等历史时期我国的增长动力来源。蔡跃洲和付一夫(2017)与本书较为接近，完全基于 Massell(1961)的框架，从行业增加值函数出发进行分析。但是其在构建资本投入时依据全社会固定资产投资中的"其他"项目将固定资本形成总额分解出对应项目来计算投资，进而计算资本存量与投入是有问题的，许宪春(2013)指出全社会固定资产投资中的"其他"项目主要包含了土地购置费和旧建筑物购置费，而这两项在固定资本形成总额的口径中是不包括的。本书将总体经济分为 37 个行业，基于同质可比的行业增加值、资本投入与劳动投入数据，对中国 1985—2015 年的经济进行了实证研究。在资本投入数据的构建中仔细比较了全社会固定资产投资和固定资本形成总额这两个概念的差异，在此基础上构建了行业的投资数据。本书的劳动投入采用 Wu，Yue and Zhang(2018)构建的 1980—2016 年分行业劳动投入数据，采用性别、年龄和教育程度三个属性对从业人员进行交叉分组来考虑异质性问题，这是目前关于中国分行业劳动投入最细致的数据。

相较于已有研究，本书在以下三方面具有创新性：第一，本书首次从理论上比较和分析了总产出生产函数与增加值生产函数对行业 TFP 增长率与总体经济 TFP 增长率测算的影响，在此基础上建立了基于行业增加值函数的总生产可能性边界(APPF)核算框架，拓展了 APPF 框架的应用范围；第二，本书基于 Jorgenson 和 Griliches 建立的生产率测算对同质化要素投入的理论，通过仔细比较全社会固定资产投资和固定资本形成总额这两个概念的差异，构建了中国 1985—2015 年行业层面的资本投入数据；第三，在保持行业与总体经济一致性的框架下，基于更为细分的行业投入产出数据，测算了 1985—2015 年分行业 TFP 增长率，分析了总体经济生产率增长的行业来源，并且重点分析了行业之间的资源再配置效率。

第三节 核算框架

由于测量中国分行业 TFP 的研究大量采用的是增加值生产函数而非总产出生产函数（Zhu，2012），为了与有关研究进行比较，本书结合 Jorgenson，Gollop 和 Fraumeni（1987），Massell（1961）建立了基于行业增加值函数的总生产可能性边界（APPF）核算框架。

一、行业增长核算

本书将经济分为 37 个行业，假定行业增加值生产函数为希克斯中性：

$$Y_i = f_i(A_i, K_i, L_i) \quad (3-1)$$

其中，Y 是行业增加值，K 和 L 为行业资本投入和劳动投入，资本由建筑和设备两种不同类别的资本投入加总得来，采用对应资本投入的租金来加权；考虑性别、年龄和教育来构建行业劳动投入分组，将不同的劳动分组加总得到行业劳动投入；A 是 TFP，假定生产函数为超越对数的函数形式。

在完全竞争市场、产能完全利用和规模报酬不变的假定下，行业 TFP 增长率由以下公式表示：

$$v_i = \Delta \ln Y_i - \bar{v}_{K,i} \Delta \ln K_i - \bar{v}_{L,i} \Delta \ln L_i \quad (3-2)$$

其中，$\bar{v}_{K,i}$ 和 $\bar{v}_{L,i}$ 分别为资本投入和劳动投入占增加值份额的两期平均，即 $\bar{v}_{K,i} = \frac{1}{2} \times (v_{k,i,t} + v_{k,i,t-1})$，$\bar{v}_{L,i} = \frac{1}{2} \times (v_{l,i,t} + v_{l,i,t-1})$。

资本投入和劳动投入占增加值的份额可以分别表示为：

$$v_{k,i,t} = \frac{p_{kit} K_{it}}{p_{yit} Y_{it}}, \quad v_{l,i,t} = \frac{p_{lit} L_{it}}{p_{yit} Y_{it}}$$

考虑中国不变价 GDP 生产核算采用的是单缩法，故 p_{yit} 是行业层面的生产者价格，p_{kit} 是资本品的租赁价格，p_{lit} 是劳动投入价格。因为规模报酬不变，从而 $v_{k,i,t} + v_{l,i,t} = 1$。

二、总体增长核算

为了分析总体经济的 TFP 表现，需要将行业层面加总到总经济层面。Jorgenson 等(2005)归纳了三种不同加总方法：第一种，总生产函数法(Aggregate Production Function，APF)；第二种，总生产可能性边界法(Aggregate Production Possibility Frontier，APPF)；第三种，跨行业直接加总法。

APF 框架是在宏观 TFP 测算中被广泛应用的，但是也是假定最强的分析框架(Jorgenson，1990)。总生产函数存在需要满足以下假定：(1)行业总生产函数对于增加值和中间投入是可分的；(2)增加值函数在不同行业是同一的；(3)加总异质性的资本投入或劳动投入的函数在不同行业是同一的；(4)每种资本或劳动在所有行业都获取同一价格。APPF 框架则放松了假设(2)，即不要求增加值函数在不同行业是同一的，意味着各行业的增加值价格指数是不同的，从而不能通过简单加总各行业的不变价增加值得到不变价 GDP(Jorgenson，1966；Jorgenson et al.，2005)。跨行业直接加总法是指将行业层面的 TFP 直接加权加总来计算总体经济 TFP 的方法，最早由 Jorgenson，Gollop 和 Fraumeni(1987)提出，这种方法直接基于行业 TFP 测算来计算总体经济的 TFP。该方法假定行业存在增加值生产函数，但是该方法对增加值和要素投入在行业之间没有任何约束，放松了 APF 框架中的假设(2)~(4)，相对于 APPF 框架来说，放松了同质资本或劳动在行业间获取同样价格的假定，从而更加符合实际情况，通过对比跨行业直接加总法和 APPF 的方法，就可以分析资本或劳动在行业间的配置效率的问题了。

由于不同行业往往面临不同的生产模式，从而假定(2)是不成立的，所采用 APF 测算框架测算中国的 TFP 表现也是不合适的。同时考虑中国不同行业的市场化程度也不一样，所以假定(3)~(4)实际上也是不成立的，从而本书采用 APPF 的测算框架，结合跨行业直接加总法，考察放松异质性的资本和劳动投入在各个行业获取同一价格这一假设后，资源在行业间的再配置效率。由于该方法能够将总体经济 TFP 分解为行业 TFP 增长率的加权平均和资源再配置效率,所以可以考察总体效率的行业来源和跨行业的配置效率。本书采用的分析框架其基本原理来源于 KLEMS 分析框架,KLEMS 框架首先由 Jorgenson 等(1987)提出,Jorgenson 和 Stiroh(2000),Jorgenson 等(2005)利用这一框架衡量了 IT 技术对美国生产率复苏的作用,本书结合 Massell(1961)对 KLEMS 框架进行了一些调整,主要是行业生产函数采用增加值函数而非总产出函数,并且从理论上证明了基于行业增加值函数的总生产可能性边界(APPF)核算框架的合理性,指出这一框架保持了行业与总体经济的一致性,能够分析总体经济生产率增长的行业来源,并且重点分析行业之间的资源再配置效率。

在 APPF 框架下,不变价 GDP 增长率等于各行业不变价增加值增长率的 Tornqvist 加总。

$$\Delta \ln Y = \sum_i \overline{w}_i \Delta \ln Y_i \tag{3-3}$$

其中,$\overline{w}_i$ 为行业 i 名义增加值占名义 GDP 份额的两期平均,即

$$w_i = \frac{p_i Y_i}{\sum_i p_i Y_i}$$

总资本投入或总劳动投入采用 Tornqvist 加总异质性的资本或服务,从而表示为:

$$\Delta \ln K = \sum_K \overline{w}_K \Delta \ln K_K \quad \Delta \ln L = \sum_L \overline{w}_L \Delta \ln L_l \tag{3-4}$$

其中,$\overline{w}_K$ 和 $\overline{w}_L$ 分别为每种资本投入和每种劳动投入占总资本投入和总劳动投入份额的两期平均,即 $\overline{w}_K = \frac{1}{2} \times (w_{k,t} + w_{k,t-1})$,$\overline{w}_L = \frac{1}{2} \times (w_{l,t} + w_{l,t-1})$。

每种资本投入和每种劳动投入占总资本投入和总劳动投入的份额可以分别表示为:

$$w_{k,t} = \frac{p_{K,k,t} K_{k,t}}{\sum_K p_{K,k,t} K_{k,t}} \quad w_{l,t} = \frac{p_{L,l,t} L_{l,t}}{\sum_L p_{L,l,t} L_{l,t}} \tag{3-5}$$

第三节 核算框架

根据假设(3-4)，如果每种资本或劳动在所有行业都获取同一价格，则整个经济层面每种资本或劳动的投入量就等于该种资本或劳动在各行业投入量的简单加总。

$$K_K = \sum_i K_{k,i}, \forall k \quad L_L = \sum_i L_{l,i}, \forall l \tag{3-6}$$

其中脚标 k 代表资本的不同类别，比如建筑、设备等；脚标 l 代表劳动的不同类别，比如初中教育，高中教育等；20~24 岁，25~29 岁等。

在 APPF 框架下，总体 TFP 增加值可以表示为如下公式：

$$v_t = \Delta \ln Y - \bar{v}_K \Delta \ln K - \bar{v}_L \Delta \ln L \tag{3-7}$$

通过将行业增长核算方程(3-2)代入(3-7)式，并且对比直接加总法与 APPF 方法，我们可以分析资本或劳动在行业间的配置效率，从而总体 TFP 增长率可以表示为以下形式：

$$v_t = \sum_i \bar{w}_i v_i + \left(\sum_i \bar{w}_i \bar{v}_{K,i} \Delta \ln K_i - \bar{v}_K \Delta \ln K \right) + \left(\sum_i \bar{w}_i \bar{v}_{L,i} \Delta \ln L_i - \bar{v}_L \Delta \ln L \right)$$

$$\tag{3-8}$$

表达式(3-8)显示了基于 APPF 框架计算出来的总体经济 TFP 的行业来源，APPF 框架下 TFP 增长率可以分解为三部分：(1)行业 TFP 增长率的加权平均，即 $\sum_i \bar{w}_i v_i$；(2)资本再配置效率($REALL_K$)，即 $\sum_i \bar{w}_i \bar{v}_{K,i} \Delta \ln K_i - \bar{v}_K \Delta \ln K$；(3)劳动再配置效率($REALL_L$)，即 $\sum_i \bar{w}_i \bar{v}_{L,i} \Delta \ln L_i - \bar{v}_L \Delta \ln L$。资本和劳动的再配置效率刻画了放松 APPF 框架中对要素投入的约束带来的影响。在允许资本或劳动在不同行业之间面临不同价格的情况下，APPF 框架下的总体经济 TFP 增长率与行业 TFP 增长率的加权平均存在差异。如果投入要素价格更高的行业其要素增长更快，则再配置效率就是正的；在这种情况下，总资本投入或总劳动投入会比行业资本投入的加权平均或行业劳动投入的加权平均增速低。

由于不少关于中国总体经济 TFP 的研究都采用了 APF 的测算框架，为了检验 APF 框架在实证中的适用性，同时实证检验假定(2)对 TFP 测算的影响程度，我们将 APF 测算框架与 APPF 测算框架进行比较，根据

Jorgenson 等(2005)定义了增加值再配置效率(reallocation of value-added),即 APF 和 APPF 测算框架下不变价 GDP 增长率的差异。

$$\text{REALL}_{VA} = \Delta \ln Y^{PF} - \Delta \ln Y = \Delta \ln Y^{PF} - \sum_i \overline{w}_i \Delta \ln Y_i \qquad (3\text{-}9)$$

第四节　投入和产出数据的构建

为了满足可比的生产率分析和本研究框架对同质化的资本和劳动数据的需求,本研究依据 Jorgenson 等(2005)和中国产业生产率(CIP)数据库(Wu, 2015a; Wu and Ito, 2015; Wu et al., 2015)的方法构建符合要求的投入产出数据。在劳动投入数据方面,本书采用的是 Wu(2019)构建的劳动投入数据,该数据目前测算我国行业层面劳动投入最符合 KLEMS 原则,该数据的行业分类采用 CIP 行业分类,涵盖三次产业包含 37 个两位数行业(具体的行业分类见附录)。为了与劳动投入数据保持行业一致性,本书构建的行业增加值、资本投入数据均采用 CIP 行业分类。

一、行业增加值

1985—2015 年,我国分别实施过四个行业分类标准(GB/4754—1984,GB/T4754—1994,GB/T4754—2002,GB/T4754—2011),行业分类存在前后不一致的问题。并且对于工业细分行业和服务业部分细分行业,官方并没有公布增加值数据。为了保持行业分类的一致性,我们首先分别将采用非 2002 年标准的年份调整为 2002 年标准,然后再统一调整为 CIP 标准①。对于缺失数据的细分行业,我们利用官方 6 个年份(1987,1992,1997,2002,2007,2012)的标准投入产出表作为结构来分劈出行业增加值数据。总体来看,我们不变价行业增加值的计算方法可以分为三类:一是可直接从《中国统计年鉴》获得实际增加值的行业,直接采用该数据。如表 3.1,

---

① CIP 行业分类基于《国民经济行业分类》(GB/T4754—2002)进行了部分调整,具体对应见附录。

这些行业分别是：农业，建筑业，批发和零售业，住宿和餐饮业，交通、仓储和邮政业，金融业。二是官方未公布工业中两位数行业名义增加值，以投入产出表结构为基准，对工业名义增加值进行拆分，再采用对应行业 PPI 进行平减得到细分行业实际增加值，最后归并为 CIP 行业实际增加值，如表 3.2。三是其他服务业中细分行业统计口径发生变化，以投入产出表为基准对 2004 年以前年份的行业增加值进行拆分，按照国民经济行业分类（GB/T 4754—2002）标准重新组合，使不同年份行业统计口径完全匹配，再根据居民消费价格指数（CPI）中分项指数或职工平均工资指数进行平减，最后归并为 CIP 行业，具体过程见表 3.3。其中，职工平均工资指数 = 本年本行业职工平均工资/上年本行业职工平均工资。

表 3.1　　　　　　　　　直接获取实际增加值的行业

行 业	数据来源
农业	《中国统计年鉴》
建筑业	《中国统计年鉴》
批发和零售业	《中国统计年鉴》
住宿和餐饮业	《中国统计年鉴》
交通、仓储和邮政业	《中国统计年鉴》
金融业	《中国统计年鉴》

表 3.2　　　　　　　　CIP 行业中工业实际增加值计算

行 业	名义增加值	价格指数
工业部门（包含 24 个 CIP 行业）	以投入产出表结构为基础，拆分出两位数行业的名义增加值，再根据对应行业 PPI 进行平减得到两位数行业实际增加值，最后归并为 CIP 行业	PPI

表 3.3　　**CIP 行业中其他服务业实际增加值计算**

CIP 行业	2004 年及以后《中国统计年鉴》行业分类	2004 年之前《中国统计年鉴》行业分类	价格指数
信息传输、软件和信息技术服务业	信息传输、计算机服务和软件业	计算机应用服务业+通讯业	通信服务价格指数
租赁、科学、技术和商务服务业	租赁和商务服务业	租赁业+旅游业+信息咨询服务业	租赁和商务服务业职工平均工资指数
	科学研究、技术服务和地质勘查业	地质勘查业+科学研究和综合技术服务业	科学研究和技术服务业职工平均工资指数
公共管理与国防	水利、环境和公共设施管理业	水利管理业+环境资源与公共设施管理业	水利、环境和公共设施管理业职工平均工资指数
	公共管理和社会组织	国家机关党政机关和社会团体	公共管理、社会保障和社会组织职工平均工资指数
教育	教育	教育	教育服务价格指数
卫生和社会工作	卫生、社会保障和社会福利业	卫生和社会福利业	卫生和社会工作职工平均工资指数
其他服务业	居民服务和其他服务业	居民服务和其他服务业	居民服务、修理和其他服务业职工平均工资指数
	文化、体育和娱乐业	体育业+文化艺术和广播电影电视业+娱乐业	文娱费价格指数

二、资本投入

在测算行业生产率时，资本投入应该采用资本服务而非资本存量的概念，资本服务是指资本存量投入生产过程中产生的服务流量，也就是资本对生产过程的贡献。行业层面资本投入指数构建包括三步：(1)构建资本存量；(2)测算资本租赁价格；(3)将不同类型的资本投入加总得到总的资本投入指数，加总时根据资本的租赁价格来计算权重(孙琳琳等，2012)。

(一)行业层面资本存量构建

估计资本存量最通常的方法是永续盘存法(PIM)：将历年的投资数据序列建立在不变价格基础上，在一定的投资品寿命和使用效率的假定下，对它们进行加总从而得到资本存量的数据。使用永续盘存法时主要涉及投资数据的选取，投资价格指数、基期资本数量的计算和折旧率的选择。

关于投资数据的选取，目前官方统计存在两个投资概念，一是投资统计中的全社会固定资本投资，二是支出法GDP中的固定资本形成总额。根据1993年SNA，应该选取固定资本形成总额数据作为行业资本存量估算的基础，这也是OECD(2001，2009)推荐使用的投资数据。但是固定资本形成总额只有全国数据，并没有分行业的信息，全社会固定资产投资有分行业的信息，所以有些研究依据全社会固定资产投资的行业结构分劈固定资本形成总额来构建行业投资数据。由于全社会固定资产投资与固定资本形成总额存在着统计口径范围上的差异，并且全社会固定资产投资也存在地方政绩考核带来的数据高估问题，所以直接利用全社会固定资产投资的行业结构进行分劈也是存在问题的。本书在构建行业投资数据时，充分考虑这两个概念之间的关系来进行行业层面的调整，具体来说分为口径范围方面的调整和数据高估方面的调整。

根据许宪春(2013)对固定资本形成总额和全社会固定资产投资关系的论述，分行业固定资本形成总额=分行业全社会固定资产投资额+分行业商品房销售增值−分行业用于住宅和非住宅建筑物土地征用、购置及迁移补偿费+分行业固定资产小额投资+分行业软件投资+分行业矿藏资源勘探投资−分行业购置旧建筑物和旧设备的价值−数据高估部分的调整。

其中，分行业全社会固定资产投资取自《中国固定资产投资年鉴》，并且对不同年份投资口径进行了衔接。

$$商品房销售增值 = \frac{商品房销售额}{商品房销售面积} \times 竣工房屋面积$$
$$-竣工房屋价值-商品房土地购置费$$

分行业商品房销售增值按照住宅竣工面积分劈。数据来自《中国房地产统计年鉴》《中国统计年鉴》和《中国固定资产投资年鉴》。考虑到全社会固定资产投资在 2010 年前不统计 50 万元以下的零星投资，从 2011 年开始，不再统计 500 万元以下的零星投资，我们按照国家统计局计算固定资本形成总额的方法，用全社会固定资产投资乘以 2‰ 得到小额投资额，但是考虑到 2011 年以来统计起点的提升，我们借鉴朱天和张军（2017）的做法，在 2011 年后，用全社会固定资产投资乘以 2% 得到小额投资额。分行业固定资产小额投资，我们按照全社会固定资产投资行业结构进行分劈。软件投资的数据来源于《中国信息产业年鉴》中的"软件业务收入"，基于投入产出表中软件行业总产值和固定资本形成的结构来推算软件投资，然后以投入产出表中软件中间投入在行业之间的结构来分劈出分行业软件投资。矿藏资源勘探投资选择《中国国土资源统计年鉴》中的地质勘查经费，由于矿藏资源勘探投资主要是采掘业内部的几个行业会存在，所以我们依据采掘业内部行业的固定资产投资结构来分劈矿藏资源勘探投资，从而得到分行业的矿藏资源勘探投资。"购置旧设备"和"旧建筑物购置费"数据来源取自《中国固定资产投资统计年鉴》中分行业数据。国家统计局在计算固定资本形成总额时，依据建筑业总产值、建筑业营业税、钢材水泥等建筑材料的生产和销售、建筑工程机械的生产、销售和利用等资料对全社会固定资产投资数据质量进行评估，然后根据评估情况对数据进行必要的调整，我们认为固定资本形成总额的数据质量是比较高的。所以我们用固定资本形成总额减去经过口径范围调整后得到的各行业调整后的投资额的加总从而得到总体经济数据高估部分的调整量，并按照各行业经口径范围调整后的投资额来进行分劈，进而得到分行业的数据高估部分的调整。利用各行业经口径范围调整后的投资额减去分行业的数据高估部分的调整得到分行业固定资本形成总额。最后，按《中国固定资产投资统计年鉴》中公布建筑安装工程与设备工器具总数比例分劈上述分行业固定资本形成总额，从而得到分行业建筑和设备的投资数据。

关于投资价格指数的选择，《中国统计年鉴》给出了 1992—2015 年分建筑和设备的投资价格指数。对于 1985—1991 年的投资价格指数，我们选择白重恩和张琼(2015)的投资价格指数。对于折旧，我们按照几何折旧的方法来处理，由于对设备投资和建筑投资的服务寿命缺乏实证研究，所以在选择中国的投资率时，一般借鉴已有研究的做法，我们采用的白重恩和张琼(2015)中关于建筑和设备折旧率，建筑为 8%，设备为 24%。关于初始资本存量的计算，采用稳态法，即

$$K_0 = i_0/(g + \delta),$$

其中 i_0 取 1985 年建筑或设备投资；g 为五年平均的 GDP 增长率；δ 为建筑或设备的折旧率。

(二) 从资本存量到资本投入指数

根据投资发挥生产效率的模式，将不同类别的资本存量转换成资本投入，并且计算相应的资本租赁价格，考虑不同类型资本投入的边际产出差异，从而将异质性的资本投入转化为同质化的行业资本投入指数。

由于新的投资往往不能立即完全有效地被用于生产，从而资本服务与资本存量是有区别的。根据 Jorgenson 等(2005)，行业 i 中具体类别的资本服务表示为 $K_{k,i,t}$，对应的资本存量表示为 $A_{k,i,t}$，其关系为：

$$K_{k,i,t} = Q_{K,k,i} \frac{1}{2}(A_{k,i,t} + A_{k,i,t-1}) = Q_{K,k,i} \cdot Z_{k,i,t} \tag{3-10}$$

其中，$Z_{k,i,t}$ 表示两期平均资本存量，$Q_{K,k,i}$ 是由 Jorgenson 和 Griliches (1967)提出，表示固定比例因素。

Jorgenson(1963)明确提出了资本租赁价格的概念和模型，并考虑了税收情况。在不考虑税收的情况下，Jorgenson 的资本品的租赁价格公式可以简化表示为：

$$p_{K,k,i,t} = (i_{i,t} - \pi_{k,i,t})p_{I,k,i,t-1} + \delta_K p_{I,k,i,t} \tag{3-11}$$

其中，$p_{I,k,i,t-1}$ 和 $p_{I,k,i,t}$ 分别为 $t-1$ 年和 t 年的资本品购置价格，$i_{i,t}$ 为资本品的名义收益率，δ_K 为资本品的折旧率，$\pi_{k,i,t}$ 反映了期望资本利得率。资本品的折旧率与利用永续盘存法计算资本存量时采用的折旧率一样，期望资本利得率利用两期的资本品购置价格的变动率来计算，资本品购置价格与利用永续盘存法计算资本存量时采用的投资价格指数一样。为了计算资本租赁价格，唯一需要解决的就是资本品的名义收益率。本书使用 Christensen 和 Jorgenson（1969）提出的内部收益率方法计算名义收益率。该方法假设每个行业资本投入的价值等于该行业的资本报酬值，利用投入产出表的资本报酬数据求出资本收益率。对于行业内不同类别的资本，假定它们的收益率是一样的。具体如下等式：

$$\sum_K p_{K,k,i,t} K_{k,i,t} = p_{yit} Y_{it} - p_{lit} L_{it} \qquad (3-12)$$

在资本存量构建过程中我们已知不同类别资本的折旧率和投资价格指数，行业增加值也已知，对于行业劳动报酬采用投入产出表收入法增加值中的劳动报酬，剩余的部分则为资本报酬，采用 Wu（2018）编制的 1980—2016 年投入产出表时间序列中对应部分。为了求解出资本收益率，根据公式（3-10），我们还需要知道固定比例 $Q_{K,k,i}$，在实际测算过程中，我们假设 $Q_{K,k,i} = 1$，从而 $K_{k,i,t} = \frac{1}{2}(A_{k,i,t} + A_{k,i,t-1})$①，我们已经构建了不同类别的资本存量，故通过求解等式就可以估计资本收益率，进而估计资本租赁价格。

当有了每种类别资本 k 的资本服务和资本租赁价格之后，通过 Tornqvist 加总可以得到行业的资本投入指数，表示如下：

$$\Delta \ln K_{i,t} = \sum_K \bar{v}_{k,i,t} \Delta \ln K_{k,i,t} \qquad v_{k,i} = \frac{p_{K,k,i} K_{k,i}}{\sum_K p_{K,k,i} K_{k,i}} \qquad (3-13)$$

---

① 早期的 KLEMS 的框架中，Jorgenson，Gollop，Fraumeni（1987）采用的是滞后一期资本存量 $A_{k,i,t-1}$ 替代两期资本存量算术平均 $Z_{k,i,t}$。

其中，$\Delta \ln K_{i,t} = \ln\left(\dfrac{K_{i,t}}{K_{i,t-1}}\right)$，表示两期之间资本服务的变化率，其余的差分符号也是类似的含义。$v_{k,i,t}$ 表示第 k 种资本服务的价值占行业 i 中总的资本服务价值的份额。

将具体类别资本 k 的资本服务公式(3-10)代入公式(3-13)，得到如下表达式：

$$\Delta \ln K_{i,t} = \sum_K \bar{v}_{k,i,t} \Delta \ln(Q_{K,k,i} \cdot Z_{k,i,t}) = \sum_K \bar{v}_{k,i,t} \Delta \ln Z_{k,i,t} \quad (3\text{-}14)$$

公式(3-14)是实证测算行业资本投入所采用的公式，正是因为 $Q_{K,k,i}$ 是固定比例，所以在 Tornqvist 加总运算中被抵消了，从而行业的资本投入表示为不同类别资本存量的 Tornqvist 加总，而权重则利用了每种资本服务的租赁价格。

三、劳动投入

在构建劳动投入指数时，考虑劳动力的异质性非常重要。在总的劳动小时不变的情况下，如果高技能或者更高人力资本的劳动者的劳动小时所占的份额提高，那么劳动投入依然会提高（Denison，1962；Jorgenson and Griliches，1967），本书采用的是 Wu（2019）构建的劳动投入数据，Wu 等（2015）详细说明了中国劳动投入序列的构建过程。

充分考虑和反映劳动的异质性是劳动投入研究和劳动投入指数编制的主要任务，本书采用的劳动投入数据根据性别、年龄和教育程度三个属性对从业人员进行交叉分组来考虑异质性问题（见表3.4），并且考虑了个体经营户和农户等自雇佣劳动者的问题。对于 37 个行业，每个行业包含 2 × 5 × 7 = 70 个劳动分组，整个经济体一共有 2590 个劳动分组。

表3.4　　　　　　　　　　劳动投入的属性划分

性别	教育程度
1. 男	1. 小学以下

续表

性别	教育程度
2. 女	2. 小学
年龄分组	3. 初中
1. 15~19	4. 高中或中专
2. 20~24	5. 大专及以上
3. 25~29	行业
4. 30~39	1. 农、林、牧、渔业
5. 40~49	2. 煤炭开采和洗选业
6. 50~54	……
7. >54	37. 其他服务业

同时，该数据明确区分了劳动小时与劳动投入，假定对于具体组别的劳动来说，劳动投入是劳动小时的固定比例，即 $L_{lit} = Q_L H_{lit}$，其中 L_{lit} 表示 i 行业中 l 类型的劳动投入，H_{lit} 则表示 i 行业中 l 类型的劳动小时数。通过对具体类别的劳动投入采用 Tornqvist 加总可以得到行业劳动投入指数。

$$\Delta \ln L_{it} = \sum_l \bar{v}_{li} \Delta \ln L_{lit} = \sum_l \bar{v}_{li} \Delta \ln H_{lit} \quad (3\text{-}15)$$

$$v_{li} = \frac{p_{L,\,li} L_{li}}{\sum_l p_{L,\,li} L_{li}} \quad (3\text{-}16)$$

其中，$\Delta \ln L_{it}$ 表示两期之间劳动投入的变化率，v_{li} 表示第 l 种劳动投入的价值占行业 i 中总的劳动投入价值的份额，$p_{L,\,li}$ 表示第 l 种劳动投入的价格。

第五节　中国行业生产率表现分析

在过去 40 余年的改革开放过程中，一些重大的历史事件或政策变动深刻影响了中国经济的发展。1978 年中国启动了改革开放的进程，1992 年邓小平南方讲话促进更为大胆的改革探索，基本确立了社会主义市场经济体制的改革方向；2001 年年底中国加入 WTO，开启了广泛对外开放的新时代；2008 年到 2009 年，由美国"次贷危机"蔓延形成的国际金融危机对我国外向型经济造成了很大发展阻力。我们基于这些关键事件或政策变化发生的时间，将本书的样本期间划分为四个历史阶段：1985—1991 年，1992—2001 年，2002—2007 年，2008—2015 年，从不同的历史阶段来分析我国行业层面 TFP 的动态演进过程，详见表 3.5。

表 3.5　　　　　分行业的 TFP 增长（年均增长率，%）

行业 \ 年份	1985—1991	1992—2001	2002—2007	2008—2015
农、林、牧、渔业	2.1	1.2	3.5	2.1
煤炭开采和洗选业	0.4	11.4	-1.8	2.0
石油和天然气开采业	-11.9	-5.0	-6.1	-5.2
金属矿采选业	-3.8	20.0	-4.9	0.4
非金属矿采选业	2.7	12.6	0.1	-3.1
食品行业	-3.3	7.0	-3.0	-1.1
烟草制品业	-12.0	3.2	5.6	7.2
纺织业	-4.8	11.4	-0.5	0.3
纺织服装、服饰业	2.2	6.8	-7.4	0.5
皮革、毛皮、羽毛及其制品和制鞋业	6.6	5.0	0.2	0.9
木材加工和家具制造业	-0.1	16.3	-3.8	-2.6
造纸与印刷业	-2.9	7.7	0.0	2.7
石油加工、炼焦和核燃料加工业	-18.0	-10.3	4.8	2.5
化工原料及相关行业	-14.4	2.1	3.4	2.8
橡胶和塑料制品业	2.9	13.6	-7.3	1.8
非金属矿物制品业	0.2	-1.0	7.1	-0.2
金属冶炼和压延加工业	-3.0	7.3	4.4	4.1
金属制品业	2.9	12.4	-3.5	-2.1
通用和专用设备制造业	3.0	10.6	-0.5	-2.7

续表

年份 行业	1985—1991	1992—2001	2002—2007	2008—2015
电气设备制造业	-0.6	11.0	-2.5	-0.3
电子通信设备制造业	7.3	17.3	11.5	3.6
仪器仪表及文化、办公用机械制造业	1.3	7.2	16.4	0.6
交通运输设备制造业	-1.3	6.9	10.5	2.7
其他制造业	17.4	21.2	4.2	-5.4
电力、热力、燃气及水生产和供应业	-9.9	0.0	5.5	-1.7
建筑业	2.7	1.6	7.8	3.3
批发和零售业	-0.2	4.3	4.0	-2.7
住宿和餐饮业	5.5	2.1	1.2	-5.0
交通运输、仓储和邮政业	4.5	0.4	3.2	0.1
信息传输、软件和信息技术服务业	3.5	15.5	6.3	7.1
金融业	3.5	-4.1	12.9	-0.1
房地产业	6.1	-8.5	-5.9	-9.3
租赁、科学、技术和商务服务业	9.9	3.8	-4.6	-9.8
水利、环境与公共管理	2.5	-0.1	-0.4	-6.9
教育	6.6	1.9	10.9	7.7
卫生和社会工作	7.3	0.8	3.9	-4.9
其他服务业	-1.7	4.5	5.3	-1.2
行业平均	0.4	5.9	2.2	-0.3

基于本书构建的 1985—2015 年的行业产出、资本投入和劳动投入的数据集，我们分历史时期来考察行业层面的 TFP 表现。从行业平均 TFP 的表现来看，四个时期生产率的变化呈现出一定的规律。1985—1991 年 TFP 的年平均增长率为 0.4%，1992—2001 年为 5.9%，2002—2007 年为 2.2%，2008—2015 年为 -0.3%。

分阶段来看不同的行业，我们发现 1985—1991 年农、林、牧、渔业的生产率表现是比较好的(2.1%)，主要得益于改革开放头10年的包产到户的农村改革。工业的很多行业生产率表现欠佳，比如石油和天然气开采业(-11.9%)、烟草制品业(-12.0%)、石油加工、炼焦和核燃料加工业(-18.0%)、化工原料及相关行业(-14.4%)和电力、热力、燃气及水生产和供应业(-9.9%)，这些行业主要都是国家垄断程度很高的行业，在改革开放的头10年政府并没有放松对这些行业的管制，从而TFP表现为负增长。服务业的生产率表现总体最好，比如租赁、科学、技术和商务服务业(9.9%)、卫生和社会工作(7.3%)、教育(6.6%)和房地产业(6.1%)，这主要是因为改革开放之前，中国一直认为服务业不是物质资料生产部门，从而抑制服务业的发展，而改革开放纠正了计划经济时期长期实行的抑制服务业发展的管制政策，因此服务业的生产率表现非常好。

1992—2001年，由于社会主义市场经济建设和90年代后期开始的抓大放小的国有企业改革进一步释放了企业的活力，同时80年代改革积累了一定财富，在政府设定赶超目标的驱动下企业的研发水平不断提升，因此这段时间行业TFP表现最好，其中表现最明显的是工业中不少行业的TFP增长率非常高，比如金属矿采选业(20.0%)、电子通信设备制造业(17.3%)、木材加工和家具制造业(16.3%)、橡胶和塑料制品业(13.6%)、非金属矿采选业(12.6%)和金属制品业(12.4%)。

2002—2007年，中国加入WTO促进了经济的高速增长，同时，政府对经济的干预力度逐渐加强，资本积累率快速上升，尤其是工业部门投资驱动的特征变得非常突出，从图3.1可以看出，很多工业行业资本投入增速远高于增加值增速，从而导致这些行业TFP负增长，比如纺织服装、服饰业(-7.4%)、橡胶和塑料制品业(-7.3%)、石油和天然气开采业(-6.1%)、金属矿采选业(-4.9%)；同时，房价的快速上涨带动房地产业的高速增长，但是由于存在着政府对土地的垄断供给，该行业的利润与生产率倒挂(陈斌开，2015)，从而房地产业的TFP表现较差(-5.9%)。这一时期中国出口企业发展非常迅速，企业直接面对全球市场的竞争通过"干中学"不断提升效率；同时，大量农村过剩劳动力转移到加工业和服务业，改善了劳动力的配置效率。所以我们看到一些行业有较好的生产率表现，比如仪器仪表及文化、办公用机械制造业(16.4%)、金融业(12.9%)、电子通信设备制造业(11.5%)、交通运输设备制造业(10.5%)、建筑业(7.8%)、非金属矿物制品业(7.1%)和农、林、牧、渔业(3.5%)。

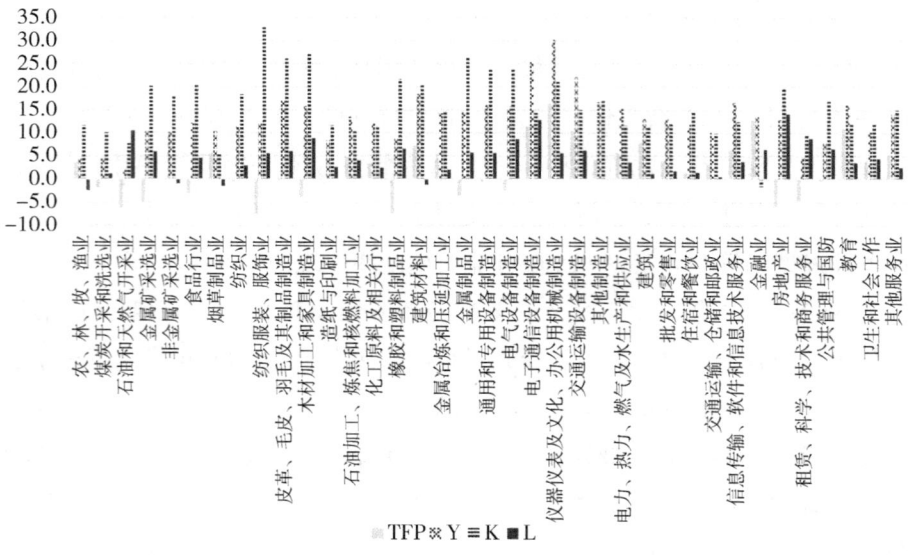

图 3.1　2002—2007 年分行业增长核算(年均增长率,%)

2008—2015 年，由于受到国际金融危机的冲击，各行业的经济增长速度不断下滑，与此同时，4 万亿财政刺激计划以及后续城投平台的高速发展使得投资维持在高位(如图 3.2)，并且大部分资金进入了资本密集型行业和国有企业，从而使得企业之间资本配置效率下降，行业 TFP 表现为所有时期中最差的。其中生产率表现较差的行业有房地产业(-9.3%)，水利、环境与公共管理(-6.9%)，石油和天然气开采业(-5.2%)，住宿和餐饮业(-5.0%)，通用和专用设备制造业(-2.7%)，而租赁、科学、技术和商务服务业的生产率表现非常差(-9.8%)，主要是因为该行业资本投入和劳动投入的增长率均远高于产出增长率。

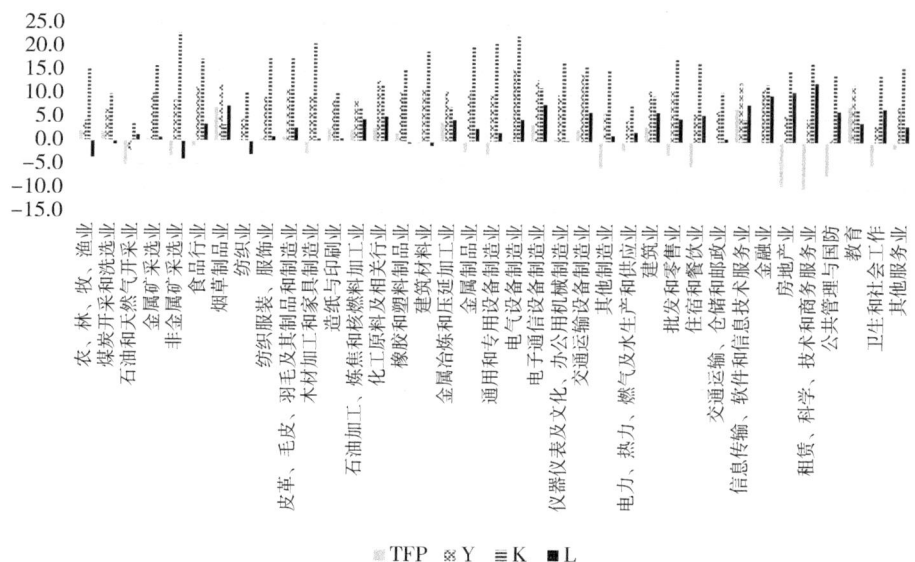

图 3.2 2008—2015 年分行业增长核算(年均增长率,%)

为了进一步考察处于产业链的不同位置(往往处于产业链的不同位置代表着不同程度的政府干预与补贴)或者行业异质性对行业 TFP 表现的影响,参考 Wu(2015b),我们将 37 个行业归为 8 个组(详见表 3.6)。首先将工业部门的 24 个行业分为三个组:能源工业(Energy)、基础材料工业(C&P)和成品及半成品制造业(SF&F)。根据行业与"最终消费"的距离,能源工业位于产业链的最前端,基础材料工业位于产业链的中间,而成品及半成品制造业最接近最终消费市场。服务业可以分为三个组:服务业Ⅰ是生产性服务业(Services Ⅰ),如金融、交通运输和通信信息;服务业Ⅱ是其他市场服务业(Services Ⅱ),包括住宿和餐饮业,批发和零售业,房地产业、租赁、科学、技术和商务服务业以及其他服务业;服务业Ⅲ是非市场服务业(Services Ⅲ),包括水利、环境与公共管理、教育、卫生和社会工作。农、林、牧、渔业(Agriculture)和建筑业(Construction)因为与工业和服务业都不同,所以各自独立一组。具体对应见附录。

表 3.6　按行业组划分的增长源泉分解（年均增长率，%）

	VA	L	K	TFP	VA	L	K	TFP
	1985—1991				1992—2001			
Agriculture	3.9	2.5	1.7	2.0	3.9	15.8	0.1	1.3
Construction	7.3	1.0	6.9	2.2	10.2	11.0	6.3	2.1
Energy	1.5	15.1	4.1	-7.8	7.2	8.6	0.7	2.8
C&P	5.4	10.8	3.1	-3.4	11.3	8.4	-0.5	6.3
SF&F	7.4	9.6	1.3	-0.1	15.8	5.2	2.1	11.9
Services I	12.6	6.4	4.7	6.5	11.2	15.1	4.0	0.1
Services II	7.9	7.3	7.3	0.6	10.4	12.6	7.2	-0.1
Services III	8.2	2.7	2.5	5.7	8.1	14.6	6.0	0.9
	2002—2007				2008—2015			
Agriculture	4.3	12.0	-2.3	3.4	4.4	14.0	-3.5	2.3
Construction	13.1	12.1	4.2	7.3	10.9	9.2	6.3	3.4
Energy	10.7	9.8	2.7	3.7	4.9	8.2	0.8	-0.2
C&P	12.5	13.8	1.5	3.2	10.2	13.2	0.7	1.5
SF&F	17.1	18.1	5.4	3.4	11.2	18.8	3.0	-1.1
Services I	12.7	9.8	4.0	5.3	10.0	9.9	5.1	1.8
Services II	12.1	16.8	4.3	-0.4	8.5	16.6	5.8	-4.5
Services III	10.8	15.6	6.1	3.7	6.3	12.8	5.9	-0.6

为了分析不同行业组的生产率表现，表 3.6 给出了 8 大行业组的增长源泉分解，图 3.3 给出了不同行业组的 TFP 指数（将 1985 年设定为基期，取值 100）。农、林、牧、渔业的 TFP 一直保持较强的增长趋势，改革开放的头 10 年，"包产到户"的去集体化和政府收购价格的调整促进了农业生产率的提升（Lin，1992），1984 年乡镇企业的快速发展吸收了大量的农村过剩劳动力，因为农民去乡镇企业打工不受户籍制度的限制（袁志刚和解栋栋，2011）。邓小平南方讲话推动了改革的深入，使得大量的农村过剩劳

动力得以转移到非农业部门就业，从而进一步提升了农业生产率。中国加入 WTO 之后，出口导向的劳动密集型企业和外商直接投资的快速发展使得非农业部门对农业过剩劳动力产生了极大的需求，导致这一时期农林牧渔业的 TFP 相对其他时期是最佳的。尽管国际金融危机冲击了出口企业的发展，但是后危机时代的农、林、牧、渔业生产率依然保持了改革开放头十年的水平。

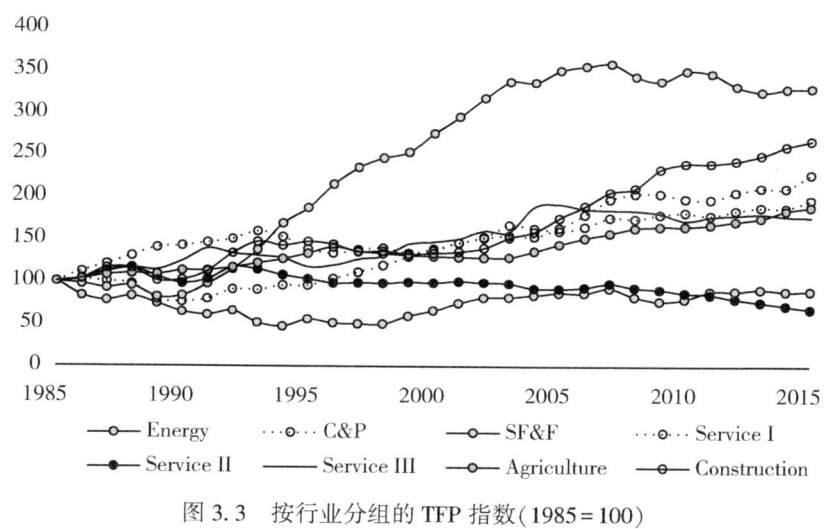

图 3.3　按行业分组的 TFP 指数(1985＝100)

成品及半成品制造业(SF&F)和基础材料工业(C&P)是众所周知的中国经济增长的引擎和中国作为"世界工厂"的主干。相对于 C&P，SF&F 由于更具有竞争性和更多面向国际市场从而受到政府的直接干预比较少(Wu, 2015b)。我们发现在国际金融危机之前，SF&F 比 C&P 获得了更好的表现。从确立社会主义市场经济体制改革目标以来，中国制造高速发展，国有企业改革也快速推进，这两组行业都取得了最好的 TFP 增长。加入 WTO 导致对外贸易的进一步开放，使得劳动密集性行业的劳动再配置效率极大提升，这一效果在 SF&F 中比在 C&P 中更为明显，因为 SF&F 中的行业更具劳动密集性特征。在外需的拉动和地方政府 GDP"锦标赛"的刺激下，制造业行业投资增速普遍大幅上扬，从而导致了制造业生产率在这一阶段不如 20 世纪 90 年代表现好。随着国际金融危机带来的外部冲击，这两组行业的 TFP 增长率都下降了。由于 SF&F 处于下游受到终端市场需求冲击的影响程度更高，从而其 TFP 增长率下滑更为严重。

相对于处于产业链下游的工业行业组 C&P 和 SF&F，能源行业因为其战略重要性，主要垄断在大型央企手中。该行业很容易获取公共资源但是受到更强的行政干预（Wu，2015b）。这导致能源行业的生产率一般要比 C&P 和 SF&F 生产率低。在 20 世纪 90 年代末以前，由于能源行业的高度计划控制，其 TFP 增长率基本是负值；90 年代末开始的"抓大放小"国有企业改革和加入 WTO 之后带来 FDI 的技术溢出，使得能源行业的 TFP 增长率获得了较好的表现；国际金融危机之后，由于大规模的财政刺激，能源行业出现了投资的快速扩张，带来了产能过剩的问题，从而导致 TFP 增长率表现为负。

建筑业 TFP 在整个分析时期一直在提升，这在很大程度上得益于农业去集体化和国企改革增加了劳动力的流动性，提升了劳动生产率。加入 WTO 之后，中国基础设施投资步伐加快，不少大型基础设施建设在国际上都处于领先地位，2008 年以后，各地广泛开展高铁、港珠澳大桥等高技术工程建设为中国建筑业的技术进步打下了基础，目前中国企业在"一带一路"上承接基础设施建设，正是由于国内建筑业 TFP 提升塑造出来的竞争力。

所有的服务业组的 TFP 在 20 世纪 80 年代表现都很好，因为改革开放纠正了计划经济时期长期实行的抑制服务业发展的管制政策。其中，由于生产性服务业（Services Ⅰ）和非市场性服务业（Services Ⅲ）在改革开放前受到的政府干预程度更深，所以改革开放释放的红利也更大，从而 TFP 表现要好于其他市场服务业（Services Ⅱ）。在 20 世纪 90 年代，电信改革增强了竞争性，提升了 Services Ⅰ 的 TFP，这恰好抵消了金融业与交通运输、仓储和邮政业较差的 TFP 表现。尽管这一时期住宿餐饮业和批发零售业市场化改革明显，但是由于房地产业快速发展带来了严重的资本错配，从而使得 Services Ⅱ 的 TFP 表现为负。Services Ⅲ 为了适应社会主义市场经济建设，表现出微弱的 TFP 增长优势。中国加入 WTO 之后，对外开放的深入推进提升了所有服务业组的效率，但是，由于房价的高速上涨导致了房地产业资本严重错配，使得 Services Ⅱ 的 TFP 相对所有行业组是最差的。国际金融危机以及紧跟其后的大规模财政刺激计划恶化了所有服务业组的资源再配置效率，从而 TFP 增长率均出现下降，由于大规模刺激计划带来了房地产新一轮的价格高速上涨，资本过度投入房地产业，从而导致了 Services Ⅱ 的 TFP 出现了历史上最差的表现。

第六节 中国经济增长动能分析

为了探索中国经济增长的动能所在，我们首先基于 APPF 的测算框架对中国 GDP 增长的源泉进行分解（详见表 3.7），一方面 APPF 框架直接基于行业层面的测算数据，另一方面 APPF 框架不需要假定各行业的增加值面临相同的价格，比较符合中国的实际情况。

表 3.7 中国 GDP 增长源泉分解（贡献是经过份额加权的年均增长率，%）

年份	1985—1991	1992—2001	2002—2007	2008—2015	*1985—2015*
APPF 测算框架	GDP 增长的行业贡献				
GDP 增长源于（%）	6.82	10.09	11.85	8.63	*9.40*
-Agriculture	1.03	0.74	0.54	0.43	*0.67*
-Construction	0.37	0.59	0.74	0.71	*0.61*
-Energy	0.16	0.40	0.82	0.35	*0.42*
-C&P	0.83	1.69	1.72	1.34	*1.43*
-SF&F	1.48	3.04	3.24	2.20	*2.54*
-Services Ⅰ	1.30	1.41	1.64	1.36	*1.42*
-Services Ⅱ	1.22	1.77	2.29	1.78	*1.77*
-Services Ⅲ	0.44	0.45	0.86	0.47	*0.53*

续表

年份	1985—1991	1992—2001	2002—2007	2008—2015	**1985—2015**
	GDP 增长的要素贡献				
GDP 增长源于(%)	6.82	10.09	11.85	8.63	**9.40**
-资本投入	4.48	5.30	7.76	7.70	**6.27**
-劳动投入	1.22	0.94	0.29	0.81	**0.83**
-TFP	1.12	3.85	3.80	0.12	**2.30**
APF 测算框架	GDP 增长的要素贡献				
GDP 增长源于(%)	7.32	9.86	12.85	9.64	**9.81**
-资本投入	4.48	5.30	7.76	7.70	**6.27**
-劳动投入	1.22	0.94	0.29	0.81	**0.83**
-TFP	1.62	3.62	4.80	1.13	**2.71**
APPF VS. APF					
APF 框架下 GDP 增长率	7.32	9.86	12.85	9.64	**9.81**
APPF 框架下 GDP 增长率	6.82	10.09	11.85	8.63	**9.40**
增加值再配置效率	0.50	-0.23	1.00	1.01	**0.41**

从表 3.7 可以看出，1985—2015 年中国实现了 9.4% 的年均 GDP 增长速度，从 GDP 增长的行业贡献来看，成品及半成品制造业（SF&F）一直是中国增长的引擎，紧跟其后的是其他市场服务业（Services Ⅱ）。成品及半成品制造业（SF&F）对 GDP 增长的贡献为 2.54 个百分点，贡献率为 27%；其他市场服务业（Services Ⅱ）对 GDP 增长的贡献为 1.77 个百分点，贡献率为 19%。基础材料工业（C&P）和生产性服务业（Services Ⅰ）也是拉动中国经济增长的重要力量，对 GDP 增长的贡献分别为 1.43 个百分点和 1.42 个百分点，贡献率均约为 15%。从动态趋势来看，在国际金融危机之前，伴随经济增速的提升，工业和服务业各行业组对 GDP 增长的贡献不断提升；国际金融危机之后，总体经济增速下滑，相应行业组对 GDP 增长的贡献也出现不同程度的下降。其中，成品及半成品制造业（SF&F）由于直接面向终端

消费和更多面向出口,从而对GDP增长的贡献下滑的也最突出,达到了1.04个百分点;其他市场服务业(Services Ⅱ)对GDP增长的贡献也明显下滑,达到0.51个百分点,紧随其后的是能源行业和非市场服务业(Services Ⅲ),分别下降0.47和0.39个百分点。随着产业结构从农业向非农业的持续转型,农、林、牧、渔业对GDP增长的贡献也是持续下降的。国际金融危机之后,由于中国加大了基础设施投资和房地产开发投资的力度,建筑业得以维持较高的经济增长贡献。

从中国经济增长的要素贡献来看,资本驱动的经济增长特征是非常突出的。1985—2015年,资本投入的年均贡献达到了6.27个百分点,贡献率为67%,是中国经济增长的主要驱动力。观测不同的历史阶段,我们发现资本投入的贡献率均非常高,尤其是国际金融危机之后,伴随着政府大规模财政刺激政策的出台,资本投入的贡献率一度接近90%。劳动投入的贡献相对较小,对30年经济增长的平均贡献为0.83个百分点,贡献率为9%。而TFP的贡献还是比较明显的,对30年经济增长的平均贡献为2.3个百分点,贡献率为24%。

我们把总体TFP的增长率指数化,将1985年设定为基年,取值为100,从而我们能够分析中国总体TFP表现的变化趋势(见图3.4)。1985—1991年,得益于改革头10年削弱了计划控制的作用,农业改革和乡镇企业的快速发展使得总体TFP呈现上升趋势,但是由于改革处于起步阶段,我国各行业的技术水平相对较低,从而TFP年均增长率为1.12%,提升程度适中。1992—2007年,我国总体TFP呈现快速上升的趋势,其中1992—2001年,TFP年均增长率为3.85%;2002—2007年,TFP年均增长率为3.8%。这主要得益于社会主义市场经济的发展推动了市场化改革和国有企业改革的深化,以及中国加入WTO带来了技术溢出和企业深度参与国际分工与全球竞争。2007—2015年,我国总体TFP呈现出停滞状态,年均增长率仅为0.12%。一方面,面向出口的行业受到了外部的需求冲击,降低了生产效率;另一方面,政府大规模财政刺激计划,恶化了资源的配置,导致生产率下降。

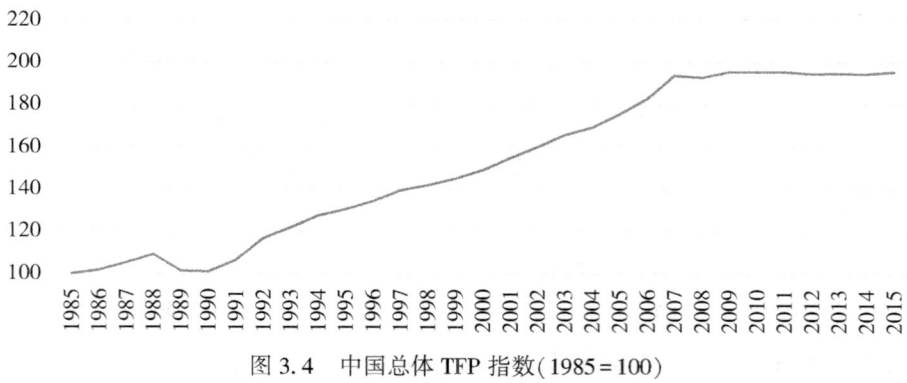

图 3.4　中国总体 TFP 指数(1985=100)

表 3.8 也给出了采用 APF 框架来测算生产率的结果，APF 框架假定了增加值函数在不同行业是同一的，各行业的增加值面临相同的价格。我们可以看到 APF 框架下测算的 GDP 增速与 APPF 框架下测算的 GDP 增速是不同的，这两者的差距就是增加值再配置效率。1985—2015 年，APF 计算的 GDP 年均增长率为 9.81%，APPF 计算的 GDP 年均增长率为 9.40%，增加值再配置效率为 0.41 个百分点，说明了各行业增加值面临相同价格的假定是不成立的。分阶段来看，增加值再配置效率的波动很大，其中 2002—2007 年、2008—2015 年均达到了 1 个百分点，进一步说明了在较短的时间区间采用 APF 框架来测算 TFP 是不合理的(Jorgenson，1990)。通过对比 APF 和 APPF 框架下测算出来的 TFP 增长率，我们发现从 2001 年以后，APF 框架下的 TFP 增长率提升了 1 个百分点，2002—2007 年，TFP 年均增长率达到了 4.8%，获得了所有时期最高的生产率表现；2008—2015 年，TFP 年均增长率达到了 1.13%，在后危机时代获得了较好的生产率表现，这显然与 APPF 框架下的生产率表现结论差别很大，会造成对于中国增长动能分析的误判。

为了进一步分析中国效率提升的行业来源以及行业间资源再配置效率的贡献，我们基于 APPF 框架并结合跨行业直接加总法将总体 TFP 增长率进行分解。根据公式(3-8)，总体 TFP 增长率可以分解为三个部分：(1)行业 TFP 增长率的加权平均;(2)资本再配置效率;(3)劳动再配置效率。

表 3.8　中国行业 TFP 增长贡献和行业间资源再配置效率

(贡献是经过份额加权的年均增长率,%)

年份	1985—1991	1992—2001	2002—2007	2008—2015	**1985—2015**
总体 TFP 增长率	1.12	3.85	3.80	0.12	**2.30**
1. 行业 TFP 增长率的加权平均	0.34	3.39	2.90	−0.66	**1.60**
-Agriculture	0.56	0.25	0.43	0.20	**0.34**
-Construction	0.13	0.08	0.44	0.21	**0.20**
-Energy	−0.62	0.00	0.08	−0.07	**−0.12**
-C & P	−0.86	0.81	0.36	0.24	**0.24**
-SF & F	0.19	2.05	0.30	−0.01	**0.78**
-Services I	0.38	−0.02	0.93	0.15	**0.30**
-Services II	0.33	0.18	0.06	−1.24	**−0.19**
-Services III	0.23	0.03	0.31	−0.15	**0.08**
2. 资本再配置效率	0.31	0.10	0.04	−0.06	**0.09**
3. 劳动再配置效率	0.47	0.36	0.87	0.84	**0.61**

从表 3.8 中我们可以看出,1985—2015 年总体经济的全要素生产率年均增长率为 2.3%,行业 TFP 增长率的加权平均贡献了 1.6 个百分点,对总体 TFP 增长率的贡献率为 70%;而资源的再配置效率的贡献是 0.7 个百分点,对总体 TFP 增长率的贡献率为 30%。所以从平均水平来看,影响总体 TFP 增长的主导因素是各行业的 TFP 增长,同时资源配置效率的改善对 1985—2015 年 30 年总体 TFP 增长的作用也不容忽视。

表 3.8 也给出了每个行业组对行业 TFP 增长率的加权平均的贡献,从 1985—2015 年 30 年的平均水平来看,成品及半成品制造业(SF&F)的贡献是最高的,平均贡献为 0.78 个百分点,其中主要贡献行业是电子通信设备制造业(0.16)、通用和专用设备制造业(0.11)和交通运输设备制造业

(0.1)；其次是农、林、牧、渔业和生产性服务业（Services Ⅰ），平均贡献分别为 0.34 个百分点和 0.3 个百分点，生产性服务业中信息传输、软件和信息技术服务业的贡献最大（0.14），随后是交通运输、仓储和邮政业（0.09）和金融业（0.07）。而行业贡献表现最差的是其他市场服务业（Services Ⅱ）和能源行业，平均贡献分别为 -0.19 个百分点和 -0.12 个百分点。其他市场服务业的表现如此糟糕，主要是因为房地产业的负贡献比较突出，平均贡献为 -0.27 个百分点。能源行业表现出对 TFP 增长的负贡献，主要是由于石油和天然气开采业（-0.11）、石油加工、炼焦和核燃料加工业（-0.06）这两个行业的负贡献所致。

我们进一步分历史阶段来考察制度的变迁对 TFP 表现的影响，进而动态分析中国 TFP 增长的行业源泉。在 20 世纪 80 年代，农、林、牧、渔业是获得改革红利最大的，成为行业 TFP 贡献的领头羊。改革的头 10 年，"包产到户"的去集体化和政府收购价格的调整促进了农业生产率的提升（Lin，1992），1984 年乡镇企业的快速发展吸收了大量的农村过剩劳动力，因为农民去乡镇企业打工不受户籍制度的限制（袁志刚和解栋栋，2011）。伴随着农村过剩劳动力的持续转移，农、林、牧、渔业一直维持了较好的生产率表现，同时，随着产业结构的转型升级，农、林、牧、渔业占增加值的比重在持续下降①，其对行业 TFP 增长率的加权平均的贡献在下降，但就目前来看，该行业仍然维持了较大的贡献。

1992—2001 年，中国实现了最好的行业 TFP 增长表现，行业 TFP 增长率的加权平均为总体 TFP 增长（3.85%）贡献了 3.39 个百分点。成品及半成品制造业（SF&F）和基础材料工业（C&P）成为这一时期效率提升的主导行业，这两个行业的时期平均贡献分别为 2.05 个百分点和 0.81 个百分点，尤其是成品及半成品制造业（SF&F）对行业 TFP 增长率加权平均的贡献是整个历史时期各行业组中表现最好的。这主要得益于国有企业改革，以及

---

① 1985 年农、林、牧、渔业占 GDP 的比重为 28.3%，2015 年农、林、牧、渔业占 GDP 的比重为 9.1%。

对外商直接投资进行开放，使得工业的市场化程度和技术升级得到了大幅提升。其中，表现非常突出的行业包括通用和专用设备制造业(0.35)、纺织业(0.33)、电子通信设备制造业(0.23)、食品行业(0.21)。这一时期批发和零售业(0.36)、信息传输、软件和信息技术服务业(0.18)均对TFP增长做出了很大的正向贡献，但是由于房地产业(−0.34)和金融业(−0.22)对TFP增长造成了很大的负向拉动，从而服务业贡献平平。

中国加入WTO之后，行业TFP增长的贡献相对于1992—2001年却下降了。2002—2007年，行业TFP增长率的加权平均的贡献为2.9个百分点。导致行业TFP增长贡献下降的主要原因在于成品及半成品制造业(SF&F)和基础材料工业(C&P)这两个之前的主导行业组的贡献率大幅下滑，这两个行业组的时期平均贡献分别为0.3个百分点和0.36个百分点。1992—2001年正向贡献突出的工业行业，除了电子通信设备制造业(0.27)依然保持较高的正向拉动，通用和专用设备制造业(−0.01)、纺织业(−0.01)、食品行业(−0.08)都转为负向拉动了。这是因为在外需的拉动和地方政府GDP"锦标赛"的刺激下，工业投资增速普遍大幅上扬，从而导致了工业生产率在这一阶段不如90年代改革时期表现好，这一发现与江飞涛等(2014)关于工业部门TFP研究的结论一致。这一时期，生产性服务业(Services I)成为了行业TFP贡献的领头羊，时期平均贡献为0.93个百分点，金融业(0.59)、交通运输、仓储和邮政业(0.18)、信息传输、软件和信息技术服务业(0.16)均起到了重要作用。受益于中国基础设施投资的加速，建筑业的表现也成为了亮点，时期平均贡献为0.44个百分点。

国际金融危机之后，中国经济受到外部冲击增速下滑，与此同时，中央出台了"4万亿"刺激计划，地方政府依托城投平台更进一步扩大投资。基础设施投资、房地产开发投资和国有企业投资是政府刺激计划的主要受益者，大规模政府主导的投资带来了资源配置的恶化，从而使得行业TFP增长呈现了负向拉动，时期平均贡献为−0.66个百分点。其中，房地产业由于存在利润与效率的"倒挂机制"(陈斌开等，2015)，多轮房价疯狂上涨吸引了大量的投资进入房地产业，该行业的效率进一步恶化(−0.52)，从而导致其他市场服务业(Services Ⅱ)出现了历史上最糟糕的TFP贡献,时期平均贡献为-1.24个百分点。能源行业具有很强的国企垄断性,大规模的财政刺激也带来了该行业投资的快速扩张,带来了产能过剩的问题,从而导致TFP贡献为负,其中石油和天然气开采业(-0.07)、电力、热力、燃气及水生产和供应业(-0.06)是负贡献的主要行业来源。这一时期,总体TFP处于停滞状况,没有特别强有力的驱动行业。相对而言,基础材料工业(C&P)、建筑业、农、林、牧、渔业和生产性服务业(Services Ⅰ)体现了一定的拉动能力。

改革开放以来,中国从计划经济走向市场经济,政府在资源配置方面的作用还是比较强的。近年来,大量的实证研究对新兴经济体(如中国和印度)的资源错配以及资源有效配置所带来的潜在收益非常关注(Hsieh and Klenow, 2009; Dollar and Wei, 2007)。本书采用的基于APPF框架并结合跨行业直接加总法来分析中国的TFP表现,能够系统动态地揭示中国跨行业之间的资源配置效率问题,这对于分析中国的增长动能是非常有帮助的。

表3.8显示,1985—2015年,中国的资源再配置效率的贡献为0.7个百分点,对总体TFP增长率的贡献率为30%。其中,劳动再配置效率的贡献为0.61个百分点,对总体TFP增长率的贡献率为27%。资本再配置效率的贡献为0.09个百分点,对总体TFP增长率的贡献率仅为4%。从而说明中国1985—2015年这30年,户籍制度改革、国企改革等带来的劳动力自由流动对于效率的提升起到了很大的作用,这也是人口红利的一种体现;正如大量文献指出的,在间接融资为主导的背景下,国企与非国企在获取资本上面临着非中性的竞争,从而导致了严重的资源错配,使得资本再配置效率的表现乏善可陈(Song et al., 2011; Hsieh and Klenow, 2009; Dollar and Wei, 2007)。在各历史阶段,中国的资源再配置效率都是正的,这一特征在典型的市场经济国家是不存在的(Wu, 2015b; Jorgenson et al., 2005)。这一方面说明,中国的要素市场还存在不少制度性障碍,制约了资源的自由流动;另一方面也说明,通过深化改革,提升资源的配置效率

可以释放很大的增长潜力(Hsieh and Klenow, 2009; Brandt et al., 2013)。

根据公式(3-16), 通过对比基于 APPF 框架计算的总要素投入和基于直接加总各行业要素投入得到的就是资源再配置效率, 从而我们将这些要素投入和资源再配置效率进行指数化(以 1985 年为基年, 取值 100), 如图 3.5 所示, 我们动态考察资源再配置效率。

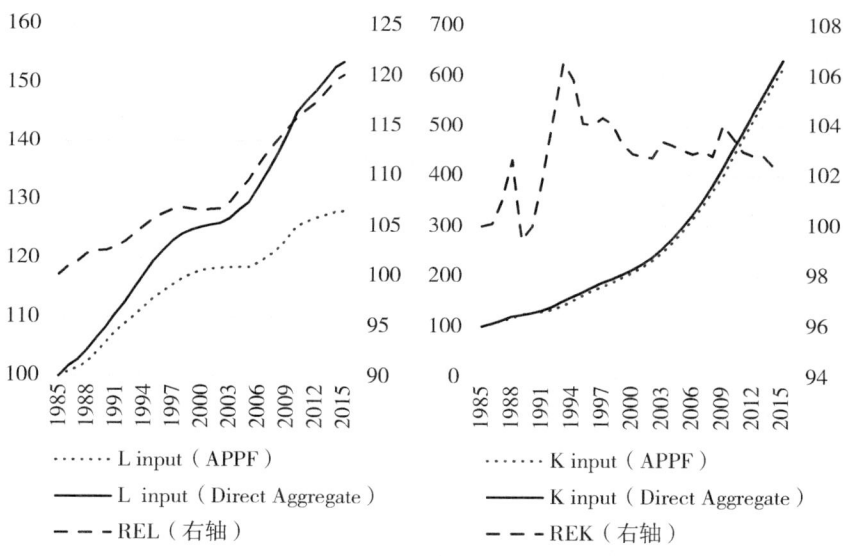

图 3.5 基于 APPF 和直接加总法的要素投入与再配置效率指数(1985=100)

我们发现, 劳动再配置效率在过去 30 多年一直是正的, 说明改革开放纠正了劳动市场的配置扭曲。改革开放以来, 中国经历了大规模的农业过剩劳动力向第二、三产业转移; 20 世纪 90 年代之后, 工业下岗工人也大量向服务业转移。这些转移都是从生产率低的部门向生产率高的部门的迁移, 这样的迁移过程缩小了部门之间劳动回报率的差异, 从而提升了劳动再配置效率。如图 3.6 所示, 第一产业的就业比重从 1978 年 70% 下降到 2016 年的 28%, 尤其是中国加入 WTO 之后, 出口导向型的劳动密集型企业发展非常迅猛, 极大地吸收了农村过剩劳动力, 从而劳动再配置效率在

2001—2007 年对总体 TFP 增长率的贡献为 0.87 个百分点,贡献率达到 23%;并且在国际金融危机之后,劳动再配置效率的贡献依然维持在较高的水平。

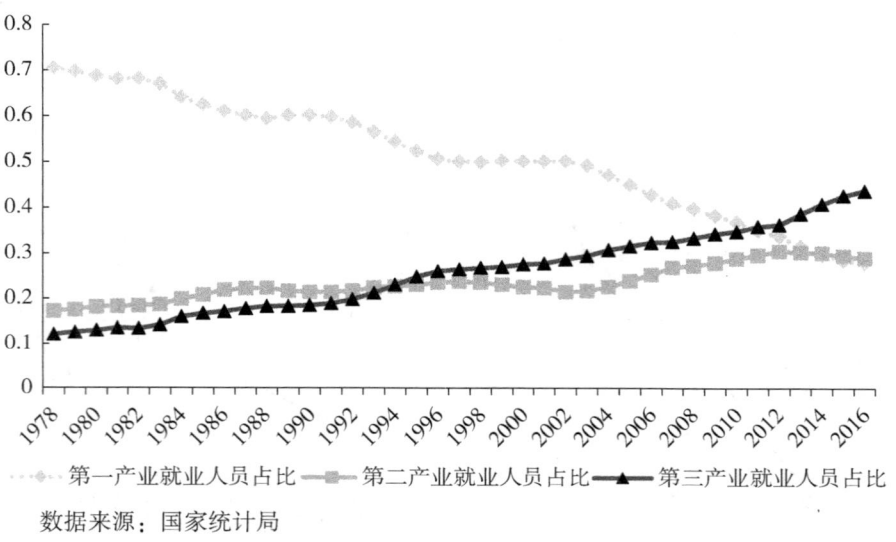

数据来源:国家统计局

图 3.6　三次产业的就业份额变动(1978—2016 年)

与劳动再配置效率表现截然不同,资本再配置效率并没有抢眼的表现。在 20 世纪 90 年代初以前,受益于一系列的改革措施使得经济放松了管制并且分权使得经济主体的生产积极性得到了激励,从而资本再配置效率取得了不错的表现,在 1985—1991 年对总体 TFP 增长率的贡献为 0.31 个百分点。尽管中国从 90 年代开始国企改革,但是由于经济高速增长具有典型的投资驱动的特征,并且国企与非国企之间的资本错配普遍存在,国企往往生产率要低于非国企,但是却更容易获得信贷资源并且融资成本普遍低于非国企(Song et al., 2011; Hsieh and Klenow, 2009; Dollar and Wei, 2007),从而在 1991—2007 年,资本配置效率基本没有改善。并且由于在"十五"时期地方政府开始依托土地财政,大规模开启"造城运动"和"重化工业化"浪潮(吴敬琏,2014),与之相伴的是房价的高启和房地产开发投资的高速扩张，从而导致了资本再配置效率在加入 WTO 之后相较于之前变差了。国际金融危机之后，中央和地方政策出台了空前的"4万亿"财政刺激计划，国企的战略地位和政府干预在后危机时代都得到了加强，从而资本的再配置效率变为负贡献了。

第七节 与已有研究的比较分析

本书构建了基于行业增加值函数的 APPF 核算框架，并且对要素投入数据的异质性做了细致的处理，为了检验本书研究结果的可信性，并且体现本书的研究框架和数据处理对研究结论的影响，我们选择一些有代表性的研究进行比较分析。

如图 3.7 所示，我们选择与 Brandt 和 Zhu（2010）、白重恩和张琼（2015）、郭庆旺和贾俊雪（2005）等研究进行比较，Brandt 和 Zhu（2010）是基于分三次产业的数据采用增长核算法进行测算的，白重恩和张琼（2015）是基于省级面板数据采用增长核算法进行测算的，郭庆旺和贾俊雪（2005）是基于总体宏观数据采用计量回归法进行测算的，这三个研究都是采用 APF 对总体经济进行测算的，对于资本投入的数据均采用的是资本存量而非资本服务，对于劳动投入的数据这三个研究有所差别，Brandt 和 Zhu（2010）采用的是就业人数，白重恩和张琼（2015）采用的是经过教育年限调整的就业人数，郭庆旺和贾俊雪（2005）采用的是就业人数。尽管本书跟上述几个研究对总量经济的研究框架不同，本书采用的是假设更少的 APPF 框架，同时在资本和劳动投入的处理上也不同，但是本书跟上述研究发现的 TFP 增长率的趋势是一致的，这说明本书研究结论从趋势上看是可信的。

为了反映本书的研究框架和数据处理对研究结论的影响，我们选择同样采取增长核算法的研究，如 Brandt 和 Zhu（2010）、白重恩和张琼（2015），以及跟本书一样从行业增加值函数出发测算资源再配置效率的研究，如蔡跃洲和付一夫（2017），进行比较分析（详见表 3.9）。蔡跃洲和付

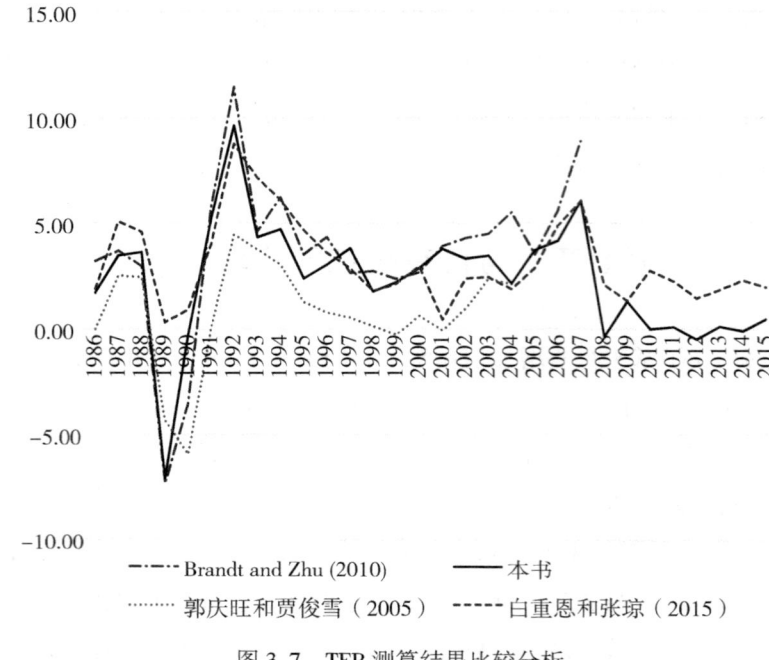

图 3.7 TFP 测算结果比较分析

注：白重恩和张琼(2014)中 2012—2015 年的数据是更新版本。

一夫(2017)采用的劳动投入是经过教育年限调整的就业小时数，但是没有考虑年龄、性别等因素，并且其测算资本投入的投资数据包含了其他费用。从研究框架上来看，Brandt 和 Zhu(2010)、白重恩和张琼(2015)采用的是 APF 框架，蔡跃洲和付一夫(2017)是直接采用 Massell(1961)的框架，各行业的不变价增加值直接加总得到不变价 GDP，本质上也是 APF 框架①。考虑异质性的劳动投入与不考虑异质性的劳动小时数之间的差距是劳动质量，考虑异质性的资本投入与不考虑异质性的资本存量之间的差距是资本质量。

---

① 胡亚茹和陈丹丹(2019)也得出了类似的结论，指出 Massell(1961)忽视了部门产出的相对价格。

表 3.9 研究框架和数据处理对研究结论的影响分析(年均增长率,%)

TFP 增长率	1985—1990	1991—1995	1996—2000	2001—2005	2006—2010	2011—2014
Brandt and Zhu(2010)	-0.19	6.32	2.95	4.34		
白重恩和张琼(2015)	2.56	6.14	2.67	2.00	3.42	1.95
蔡跃洲和付一夫(2017)	0.88	6.88	2.42	5.29	4.03	2.20
本书(APPF)	0.29	5.27	2.73	3.28	2.22	-0.10
增加值再配置效率	-0.54	-0.24	0.38	0.80	1.01	1.05
资本质量	1.40	-1.68	0.41	-0.66	-0.41	1.14
劳动质量	-0.27	1.71	0.44	-0.54	2.38	0.68
APF+资本质量+劳动质量	0.87	5.05	3.96	2.87	5.20	2.77
APF+资本质量	1.14	3.34	3.52	3.41	2.82	2.09
APF+劳动质量	-0.53	6.74	3.55	3.53	5.61	1.62

注：因为本书未获取蔡跃洲和付一夫(2017)的详细数据,从而时间段的划分根据该文来处理。

从各阶段的 TFP 增长率来看,本书测算的结果普遍低于其他几项研究的结果,尤其是 2010—2014 年,本书测算的 TFP 增长率为-0.1%,而白重恩和张琼(2015)、蔡跃洲和付一夫(2017)测算的 TFP 增长率分别为 1.95%和 2.20%,如此悬殊的差异会严重影响人们对全球金融危机之后经济增长动能的判断。考虑本书采用的是 APPF 框架,而其他几项研究采用的是 APF 框架,所以需要考虑增加值再配置效率。另外 Brandt 和 Zhu(2010)、白重恩和张琼(2015)采用的是资本存量概念,蔡跃洲和付一夫(2017)计算资本投入的投资数据包含了其他费用,从而为了比较也需要将资本质量考虑进来。Brandt 和 Zhu(2010)采用的是劳动就业人数,白重恩和张琼(2015)采用的劳动投入是考虑了教育的就业人数,蔡跃洲和付一夫(2017)采用的劳动投入是考虑了教育的劳动小时数,这些研究在劳动质量的调整上还不够充分,从而为了比较也将劳动质量考虑进来。当利用增加值再配置效率、资本质量和劳动质量对 TFP 测算结果进行调整后，本书测算的 TFP 增长率普遍上升，与其他几项研究的结果更为接近，尤其是 2010—2014 年，TFP 增长率由 -0.1% 调整至 2.77%。这也充分说明了不同框架背后的假设和对投入数据异质性问题的处理会对 TFP 测算结果产生很大的影响，Jorgenson 和 Griliches (1967) 对美国 TFP 测算的结果与 Solow (1957) 的结果差别之大也说明了这一问题的重要性。所以，我们在看待不同的测算结果的时候，需要对其所依赖的框架以及基础数据的处理保持谨慎的态度。考虑到白重恩和张琼 (2015)、蔡跃洲和付一夫 (2017) 对劳动投入的异质性做了部分处理，蔡跃洲和付一夫 (2017) 对资本投入的异质性也做了部分处理，所以我们又分别计算了只对增加值再配置效率、劳动质量做调整和只对增加值再配置效率、资本质量做调整的结果，显示调整后的结果均与其他几个研究的结果差异减少，这也说明了调整处理结果的稳健性。由于劳动质量普遍为正，资本质量为负的阶段较多，所以对劳动质量调整后的结果在大部分阶段要高于对资本质量调整后的结果。

第八节　结论性评述

本书从理论上比较和分析了总产出生产函数与增加值生产函数对行业 TFP 增长率与总体经济 TFP 增长率测算的影响，在此基础上建立了基于行业增加值函数的总生产可能性边界 (APPF) 核算框架，构建了满足同质化要求的要素投入数据。在保持行业与总体经济一致性的框架下，测算了 1985—2015 年分行业 TFP 增长率，对中国经济增长的动力源泉进行了分析，探索了总体经济生产率增长的行业来源，并且重点研究了行业之间的资源再配置效率。

本书发现，1985—2015 年，在中国年均 9.4% 的 GDP 增长速度中，资本投入的贡献为 6.27 个百分点，占到 67%，发展模式的投资驱动特征十分明显；而 TFP 年均增长率为 2.3%，贡献了 24%，对于中国经济高速增长也起到了重要作用。但是，国际金融危机之后，资本投入对 GDP 增长的贡献快速上升到90%，TFP的增长则陷入停滞状态，一方面由于国际金融危机的冲击，世界都处于生产率下行的通道；另一方面，对于尚处于中等收入水平的中国来说，过去过度依靠投资驱动的发展模式势必不可持续，当经济进入中速平台，通过创新驱动和进一步深化改革开放，提升全要素生产率是未来实现高质量发展的必由之路。

本书发现中国TFP增长率提升的主要来源是行业内部TFP增长率的贡献，其贡献率达到70%；与此同时，改革开放所带来的资源配置效率的改善也起到了重要的作用，尤其是劳动再配置效率的贡献为0.61个百分点，对总体TFP增长率的贡献率为27%。但是，资本配置效率的改善却乏善可陈。应该指出的是，由于受户籍制度的约束，限制了劳动力人口在非户籍地区享受社会保障和就业机会，增加了其工作和生活成本；同时，土地产权制度依然落后于经济发展实践，阻碍了农业的规模化经营，限制了农业效率的提升。户籍制度和土地制度等方面的制约，阻碍了农业劳动力的进一步转移，劳动力配置效率的提升依然空间巨大。中国资本市场上国企与非国企的二元结构问题非常突出，国企往往享受更多的补贴与信贷上的优惠，这对于高效率的民营投资会造成挤出效应，并且也会限制行业中民营企业的进入。尤其是"四万亿"刺激带来的政府主导型投资项目的建设，加剧了工业上游行业产能过剩和僵尸企业的出现。为实现创新驱动的发展方式，需充分发挥市场在资源配置中的决定性作用，进一步推进国有企业和金融体系的市场化改革，提升资本的配置效率。

本书发现在国际金融危机之前，中国制造不仅是经济增长的引擎，同时也是效率提升的驱动行业，尤其是处于下游且更多面向出口的产成品和半成品制造行业。随着中国制造向技术前沿的赶超，通过规模扩张来利用外部技术溢出带来效率提升的空间在逐步缩小，同时2003年以来制造业普遍存在的加速投资趋势也使得行业内的资本配置效率在恶化，导致制造业生产率下滑的趋势非常明显，过去中国效率提升的主要驱动行业已经无法起到带动的作用。与此同时，以信息技术为核心的生产型服务业效率提升的表现非常突出，从我们在各地调研的实践来看，大数据、云计算和人工智能成为很多企业大量投资的数字基础设施，尽管目前来看，数字经济在宏观经济中的体量还不够大，但是应该看到各行业，尤其是制造业在与数字经济进行深度融合。数字技术具有一般通用技术的特征，具备全面提升其他行业的生产率的潜力，有助于促进传统产业的转型升级，实现新旧动能的转换。

　　当然，本书的研究也还存在着一些不足和需要改进之处。关于全要素生产率的测算除了方法之外，基础数据是关键。由于中国不少服务业行业还没有建立起生产价格指数，所以研究中这些行业一般采用 CPI 中的分项或平均工资指数来替代生产价格指数，未来有待建立服务业生产价格指数来更加准确地测度服务业的不变价增加值。同时，随着创新能力的不断增强和技术的不断进步，以知识创造为核心的无形资产变得越来越重要。国家统计局从 2016 年开始在宏观层面对 R&D 进行了资本化处理，但是目前测算行业层面的 R&D 投资依然存在挑战，鉴于本书研究到 2015 年，所以没有将 R&D 投资考虑进来，但这应该作为未来的研究方向。本书目前采用的折旧率仍然来自经典文献，但是随着技术更新换代，资本的折旧模式发生了很大变化，未来应该考虑利用微观大数据来对不同类别资本的使用年限和年龄-效率模式进行实证研究，用以提升 TFP 测度的准确性。

第四章 资源配置效率的行业来源
——基于总产出的核算框架①

第一节 引　　言

改革开放以来，中国经历了前所未有的高速增长。但是在经济快速发展的同时，大量的制度性约束阻碍着要素的自由流动，导致资源错配的产生。许多研究表明由于受户籍制度和土地制度等方面的约束，劳动力的进一步转移受到阻滞，从而产生了劳动力错配，导致产业部门之间的就业结构失衡。同时，很多研究也指出我国金融体系由于被国有企业所控制，一部分国有企业能以较低成本获得融资，而另一些高效率的中小型企业或者新兴行业的企业则很难获得融资，地区与产业间资本拥挤和稀缺并存现象表明了资本错配的严重问题。那么，究竟中国行业层面的资源错配程度如何，以及行业层面的资源错配对总体经济的效率有多大程度的影响？伴随着中国"产业结构转型"战略的实施，资源配置的动态改善效果如何？其对总体经济的生产率演变的贡献有多大？

为了回答这些问题，本书提出了一个基于总产出（gross output）行业生产函数的增长核算框架，来衡量行业资源错配对总体经济的全要素生产率（TFP）的影响。这一多部门模型基于 Jorgenson 等（2005）使用的分行业与总体相一致的 TFP 测算框架，通过在行业资本和劳动投入上引入税收或补贴

---

① 本章形成的学术论文发表于《统计研究》2015 年第 12 期。

的做法来刻画行业层面的要素价格扭曲(Hsieh and Klenow,2009)。对比其他关于资源错配对总体生产率影响的研究,本研究有以下三个特点:第一,行业生产函数考察的是总产出(gross output)函数而非增加值(value added)函数,并且保持了与总体经济中增加值概念(也即 GDP)的一致性。通过引入总产出函数,将行业中间投入在投入产出关系中的链接作用和放大行业内生产率变化对总体生产率影响的效果反映了出来。第二,采用时变的收入份额来刻画要素产出弹性,克服了以往采用固定要素产出弹性不符合发展中经济体实际情况的缺陷。第三,在概念上强调资本和劳动投入数据的同质化要求,依据 Jorgenson 等(2005)的核算框架引入质量调整,将异质性的行业投入变成同质性的行业投入,在概念上满足可比生产率分析的要求。

第二节 文 献 回 顾

自从 Restuccia 和 Rogerson(2008)提出了从定量角度研究资源错配对总体经济的生产率的影响之后,资源错配对经济增长的影响成为解释各国发展差异的一个有力工具。通过采用异质性企业的垄断竞争模型和中国、印度以及美国制造业微观数据,Hsieh 和 Klenow(2009)估计中国和印度的劳动和资本如果按照美国的边际产出来进行有效配置,制造业的生产率分别提升 30%~50% 和 40%~60%。与我们模型最接近的是 Aoki(2012)的研究,其构建了一个基于行业数据的多部门增长核算框架来衡量行业层面的资源错配对总体生产率的影响,并且采用 OECD 数据库中法国、意大利、日本和美国的分行业时间序列进行了实证研究,指出资源错配的影响在定量上是很大的,能解释这些国家之间 20% 的生产率差异。袁志刚和解栋栋(2011)、王林辉和袁礼(2014)采用 Aoki 的框架分别对中国的劳动力错配和资本错配进行了实证研究。但是,这些研究由于均采用增加值(value-added)的行业生产函数而忽略了中间投入的关键作用,从而导致高估了资源再配置效率改善对总体经济 TFP 增长的影响。陈永伟和胡伟民(2011)在

Aoki 框架中加入了中间投入,但是他们假定每期的不同行业的中间投入同质,以及采用不同行业的总产出加总为整体经济总产出的做法不满足行业与总体一致的生产率核算原则。本书采用总产出(gross output)行业生产函数,并且依据 Jorgenson 等(2005)的生产率核算框架,一方面考察了中间投入的重要作用,另一方面保证了行业与总体在概念上的一致。

关于生产率研究方面的文献很早就关注了要素配置对总体经济生产率(TFP)的影响,Syrquin(1986)将 TFP 的来源分解为各行业的 TFP 及各行业间的再配置效率。Jorgenson 等(2005)将总体经济的 TFP 增长率分解为两个来源:行业 TFP 增长率的 Domar 加权项和资本与劳动的再配置效率,但是没法分离出不同行业对资源再配置效率的贡献。本书通过采用 Aoki(2008)同样的方法,确定不同行业的资源错配程度,并且进一步探究资源再配置效率的行业来源。

经济学文献中一个非常重要的分支就是研究中间投入的作用。Leontief(1936)在投入产出表的研究中最早提出了中间品在跨行业之间的链接作用。Hulten(1978)指出了中间品投入通过扩大行业内技术进步的影响,从而影响总体生产率变化。Jones(2010)指出中间品提供的行业之间的链接起到了乘数作用,而中间品投入占总产出的比重大概为 0.5,从而中间品的乘数作用对不同国家之间的 TFP 差异起到了很显著的放大作用。Jorgenson 等(2005)通过采用"Domar 权重"指出行业 TFP 的提升,一方面可以通过直接提高行业产出来提升总体经济的 TFP,另一方面可以通过行业产出充当中间品来间接提升总体经济的 TFP。但是目前关于资源错配的研究中,核算行业产出大都采用增加值(value-added)而非总产出(gross-output),从而忽略了中间投入的影响路径,导致低估了行业 TFP 增长对总体 TFP 增长的贡献,也就夸大了资源再配置效率对总体 TFP 增长的贡献,造成了对我国产业结构现状的错误解读。本书采用行业总产出(gross output)函数,通过"Domar 权重"引入中间投入的效应,对以往考察行业要素错配对总体 TFP 影响的文献是个有力的改进。

自 2005 年以来,我国国民收入分配向资本倾斜的现象引起了学术界对要素份额的关注（白重恩和钱震杰，2009）。卡尔多（1961）提出了著名的"卡尔多事实"，其中一条即稳态下的要素收入份额保持稳定，Gollin（2002）通过对自我雇佣收入的修正进一步论证了这一事实，指出不论是国内时间序列层面还是跨国横截面层面卡尔多事实依然成立。但是我国作为发展中国家，经济稳态下的卡尔多事实未必成立。白重恩和钱震杰（2009）发现从1978年到1995年我国国民收入中劳动份额基本保持不变，在剔除第一次经济普查核算方法的影响后，1995年到2003年全国劳动收入份额仍然降低了5.48个百分点。罗长远和张军（2009）研究表明，我国的劳动收入份额从1995年51.4%下降至2003年的46.2%，并在2004年加速下降至41.6%，并且指出了劳动收入份额变动背后反映的我国产业结构变化以及产业内劳动收入份额变动因素。吕光明（2011）借用Gollin的方法测算了我国1993年至2008年的劳动收入份额，发现1993年至1999年呈稳步上升态势，在1999年达到峰值66.97%；之后则呈现逐渐下降态势，并在2007年达到谷值60.56%。Wu（2014）基于KLEMS[①]框架构建的投入产出表时间序列，指出中华人民共和国成立以来我国劳动收入份额是随时间变动的，从1952年的59%下降到1978年的45%，到2007年进一步下降到41%。综合上述研究，如果要考察我国改革以来的资源错配对总体生产率的影响，假定行业的要素收入份额恒定显然是不合理的，应该引入可变要素收入份额。根据完全竞争市场下的结论，要素收入份额即为对应要素在Cobb-Douglas生产函数中的产出弹性，故本研究的框架采用可变要素产出弹性。

进行可比的生产率核算研究，不同行业必须要建立同质化的资本和劳动投入。Jorgenson（1990）指出如果投入单位采用边际成本（或者收益）不同的异质性单位，则生产函数就不是位似可分离的。由于要素存在异质性，所以需要构建要素投入指数。现有关于中国资源错配或生产率的研究，由

[①] KLEMS项目是生产率和国际竞争力国际比较项目，由哈佛大学的Jorgenson和Nishimizu于1978年首次提出，它建立在国民核算体系（SNA）基础上，采用总产出生产函数，形成投入产出的分行业数据。

于数据限制，大部分没有考虑要素投入的异质性问题。在测算劳动投入时，大部分研究甚至简单地用劳动人数来近似代表劳动投入（Borensztein and Ostry, 1996; Chen et al., 1988; Chow, 1993; Hu and Khan, 1997; Bosworth and Collins, 2008; Perkins and Rawski, 2008），更别说考虑劳动小时的异质性问题了。采用劳动人数依赖于一个很强的假定，即不同的劳动者的平均劳动时间是一样的，而且不同人力资本的劳动者的边际报酬是一样的，显然这是不现实的。在测量资本投入时，任若恩和孙琳琳（2009）指出过去的研究主要采用以下几种做法：直接用投资代替，使用固定资产原值或净值的概念（李京文等，1996；李小平等，2008），用自己估计的资本存量（贺菊煌，1992；Chow, 1993; Young, 2003；张军和章元，2003），但这些做法都没有考虑资本在不同时期构成的变化。正是由于已有研究中大量存在的基础数据构建不恰当，导致了最终结果与政策建议的可信性有待商榷。本研究采用 Jorgenson 等（2005）的生产率测算框架，在引入行业总产出（gross output）概念的同时，强调要素投入数据的估算首先在概念上必须满足同质化的要求。

第三节 核算框架

一、行业总产出（Gross output）函数

考虑一个 N 行业的竞争均衡模型，由于研究关注的是行业之间的要素错配，因此假定行业内所有企业都是同质的，行业之间存在异质性，这样每个行业可以被视为一个代表性企业进行生产。所有行业的生产使用三种要素：资本 K、劳动 L 和中间品 X，行业中的企业在产品市场和要素市场均被假设成为价格接受者。类似 Hsieh 和 Klenow（2009），假设行业面临的资本和劳动价格是扭曲的，并且扭曲以从价税的形式体现，不同行业是不一样的。本书旨在考察中间品的扩大效应，不考虑中间品本身面临的扭曲。行业 i 中企业面临的产品价格为 p_{Yi}，资本和劳动的价格分别为

$(1+\tau_{Ki})p_K$ 和 $(1+\tau_{Li})p_L$，其中 p_K 和 p_L 是竞争性条件下两种要素的价格水平，而 τ_{Ki} 和 τ_{Li} 分别表示行业 i 中两种要素的扭曲"税"。中间品的价格由于各行业使用的中间品往往构成是不一样的，从而对中间品进行行业加总之后仍然是异质的，故不同行业的中间品价格是不同的，设定为 p_{Xi}。

假定行业 i 的代表性企业生产函数为规模报酬不变的 Cobb-Douglas 生产函数，表示如下：

$$Y_i = F_i(A_i, K_i, L_i, X_i) = A_i K_i^{\alpha_i} L_i^{\beta_i} X_i^{1-\alpha_i-\beta_i} \tag{4-1}$$

式中，Y_i 表示行业的总产出，K_i 是资本投入，L_i 是劳动投入，X_i 是中间品投入，A_i 表示行业的 TFP。并且假定不同行业资本和劳动力的产出弹性 α_i 和 β_i 是不同的。

代表性企业的利润最大化问题可以写成：

$$\max_{K_i, L_i, X_i} \{p_{Yi} Y_i - (1+\tau_{Ki})p_K K_i - (1+\tau_{Li})p_L L_i - p_{Xi} X_i\} \tag{4-2}$$

这个问题的一阶条件为：

$$\frac{\alpha_i p_{Yi} Y_i}{K_i} = (1+\tau_{Ki})p_K \tag{4-3}$$

$$\frac{\beta_i p_{Yi} Y_i}{L_i} = (1+\tau_{Li})p_L \tag{4-4}$$

$$\frac{(1-\alpha_i-\beta_i)p_{Yi} Y_i}{X_i} = p_{Xi} \tag{4-5}$$

二、加总增加值

当考虑经济总体的表现时，我们合理的考察对象是总体增加值（GDP）。整个经济的总增加值 V（令社会最终产品是经济中的计价物，价格为1）由各行业的增加值决定，表示为：

$$V = F(V_1, \cdots, V_N) \tag{4-6}$$

其中 $F(\cdot)$ 被假定为规模报酬不变的，并且假定下面条件满足：

$$\frac{\partial V}{\partial V_i} = p_{Vi} \tag{4-7}$$

其中，p_{Vi} 表示行业 i 的增加值价格指数。

根据欧拉定理有：

$$V = \sum_{i=1}^{N} p_{Vi} V_i \tag{4-8}$$

这表明，从增加值角度来看，整个经济的名义增加值就等于其各子行业名义增加值的加总。

为了保持总体与行业的一致性，我们需要定义行业的增加值，其表示为资本、劳动和 TFP 的函数。

$$V_i = g_i(A_i, K_i, L_i) \tag{4-9}$$

行业总产出与增加值之间的关系可以表示为：

$$Y_i = f_i(V_i, X_i) = f_i(g_i(A_i, K_i, L_i), X_i) \tag{4-10}$$

根据总产出函数规模报酬不变以及完全竞争市场的假设，可以得到欧拉定理和行业的名义增加值的表达式，即

$$p_{Yi} Y_i = (1 + \tau_{Ki}) p_K K_i + (1 + \tau_{Li}) p_L L_i + p_{Xi} X_i \tag{4-11}$$

$$p_{Vi} V_i = p_{Yi} Y_i - p_{Xi} X_i = (1 + \tau_{Ki}) p_K K_i + (1 + \tau_{Li}) p_L L_i \tag{4-12}$$

根据 Jorgenson 等（2005），V_i 通过总产出的 Tornqvist 分解来内生表达出来：

$$\ln\left(\frac{Y_i^{t+1}}{Y_i^t}\right) = \bar{v}_{Vi} \ln\left(\frac{V_i^{t+1}}{V_i^t}\right) + \bar{v}_{Xi} \ln\left(\frac{X_i^{t+1}}{X_i^t}\right) \tag{4-13}$$

其中，$\bar{v}_{Vi}$ 和 $\bar{v}_{Xi}$ 分别为行业增加值和中间投入占行业总产出的平均份额，即：

$$v_{Vi} = \frac{(1 + \tau_{Ki}) p_K K_i + (1 + \tau_{Li}) p_L L_i}{p_{Yi} Y_i}, \quad \bar{v}_{Vi} = 1/2(v_{Vi}^{t+1} + v_{Vi}^t)$$

$$v_{Xi} = \frac{p_{Xi} X_i}{p_{Yi} Y_i}, \quad \bar{v}_{Xi} = 1/2(v_{Xi}^{t+1} + v_{Xi}^t)$$

行业增加值的价格指数 p_{Vi} 可以通过行业的名义增加值的表达式(4-12)推导出来。

三、资源约束

假设在每一期，资本和劳动力的总量都是外生给定的，从而，有如下资源约束条件：

$$\sum_{i=1}^{N} K_i = K \tag{4-14}$$

$$\sum_{i=1}^{N} L_i = L \tag{4-15}$$

四、两类扭曲系数

根据式(4-3)与式(4-14)可以推导：

$$K_i = \frac{\dfrac{(1+\tau_{Ki})p_K K_i}{(1+\tau_{Ki})p_K}}{\sum_j \dfrac{(1+\tau_{Kj})p_K K_j}{(1+\tau_{Kj})p_K}} K = \frac{\dfrac{\alpha_i p_{Yi} Y_i}{(1+\tau_{Ki})p_K}}{\sum_j \dfrac{\alpha_j p_{Yj} Y_j}{(1+\tau_{Kj})p_K}} K = \frac{\dfrac{\widetilde{\sigma}_i \alpha_i}{1+\tau_{Ki}}}{\sum_j \dfrac{\widetilde{\sigma}_j \alpha_j}{1+\tau_{Kj}}} K \tag{4-16}$$

同理，

$$L_i = \frac{\dfrac{\widetilde{\sigma}_i \beta_i}{1+\tau_{Li}}}{\sum_j \dfrac{\widetilde{\sigma}_j \beta_i}{1+\tau_{Lj}}} L \tag{4-17}$$

其中 $\widetilde{\sigma}_i$ 为行业 i 的名义总产出占整个经济的总增加值的份额，即 $\widetilde{\sigma}_i = \dfrac{p_{Yi} Y_i}{V}$，也就是 Domar 权重。值得注意的是，Domar 权重加总会超过 1，这正是中间投入外部性的体现，后面在 TFP 分解时会展开说明。

为了进行进一步分析，我们参考陈永伟和胡伟民(2011)的方法定义两类"扭曲系数"如下：

定义 1：(a)行业 i 的资本绝对扭曲系数定义为：$\lambda_{Ki} = \dfrac{1}{1+\tau_{Ki}}$，其中 τ_{Ki}

表示行业 i 面临的资本扭曲"税"。类似地,可以定义行业 i 的劳动绝对扭曲系数 $\lambda_{Lj} = \dfrac{1}{1+\tau_{Li}}$。

(b) 行业 i 的资本相对扭曲系数定义为:$\widetilde{\lambda}_{Ki} = \dfrac{\lambda_{Ki}}{\sum_j \left(\dfrac{\widetilde{\sigma}_j \alpha_j}{\widetilde{\alpha}}\right)\lambda_{Kj}}$,其中 $\widetilde{\alpha}$ 为资本产出弹性的 Domar 加权平均,即 $\widetilde{\alpha} = \sum_i \widetilde{\sigma}_i \alpha_i$。类似地,可以定义行业 i 的劳动相对扭曲系数 $\widetilde{\lambda}_{Li} = \dfrac{\lambda_{Li}}{\sum_j \left(\dfrac{\widetilde{\sigma}_j \beta_j}{\widetilde{\beta}}\right)\lambda_{Kj}}$,其中 $\widetilde{\beta}$ 为劳动产出弹性的 Domar 加权平均,即 $\widetilde{\beta} = \sum_i \widetilde{\sigma}_i \beta_i$。

绝对扭曲系数刻画的是行业 i 面临的要素价格相对无扭曲时的加成状况。例如,当行业 i 的资本价格完全不存在扭曲,即面临的资本扭曲"税" $\tau_{Ki} = 0$ 时,$\lambda_{Ki} = 1$;当资本价格高于正常水平,即 $\tau_{Ki} > 0$ 时,$0 < \lambda_{Ki} < 1$;而当资本价格低于正常水平,即 $\tau_{Ki} < 0$ 时 $\lambda_{Ki} > 1$。

相对扭曲系数反映的则是同经济的平均水平相比,行业 i 中资源价格扭曲的相对状况,体现了资源使用成本的相对信息。仍以资本为例,如果 $\widetilde{\lambda}_{Ki} > 1$,则说明相对于整个经济而言,行业 i 的资本使用成本是较低的;相反,如果 $\widetilde{\lambda}_{Ki} < 1$,则说明相对于整个经济而言,行业 i 的资本使用成本较高。

相对价格才是引导要素在行业间的配置时的信号,所以重要的是要素价格的"相对"而非"绝对"扭曲程度,而且在面对实际数据时,绝对扭曲系数是无法测度的,我们测度的是相对扭曲系数。

根据定义 1(b) 结合式(4-16)、式(4-17),可以推出:

$$K_i = \dfrac{\widetilde{\sigma}_i \alpha_i}{\widetilde{\alpha}} \widetilde{\lambda}_{Ki} K \qquad (4\text{-}18)$$

$$L_i = \frac{\widetilde{\sigma}_i \beta_i}{\widetilde{\beta}} \widetilde{\lambda}_{Li} L \qquad (4\text{-}19)$$

从而，行业 i 资本和劳动的相对扭曲系数可以写成：

$$\widetilde{\lambda}_{Ki} = \left(\frac{\widetilde{\sigma}_i \alpha_i}{\widetilde{\alpha}}\right)^{-1} \frac{K_i}{K}, \qquad \widetilde{\lambda}_{Li} = \left(\frac{\widetilde{\sigma}_i \beta_i}{\widetilde{\beta}}\right)^{-1} \frac{L_i}{L} \qquad (4\text{-}20)$$

五、分解总体 TFP

为了研究资源配置改善对总体 TFP 演变的影响，需要对总增加值的变化进行分解。具体来说，假设在每一期经济都达到竞争均衡，定义从 t 时刻到 t+1 时刻经济中总增加值的变化为 $\Delta \ln V_t = \ln V_{t+1} - \ln V_t$，则 $\Delta \ln V_t$ 可以分解为各行业增加值变化率的 Tornqvist 加总，即：

$$\ln \frac{V_{t+1}}{V_t} = \sum_i \frac{\partial \ln V}{\partial \ln V_i} \ln \left(\frac{V_i^{t+1}}{V_i^t}\right) \approx \sum_i \overline{\omega}_i \ln \left(\frac{V_i^{t+1}}{V_i^t}\right) \qquad (4\text{-}21)$$

其中，$\overline{\omega}_i$ 为行业增加值占整个经济的总增加值的平均份额，即：

$$\omega_i = \frac{p_{Vi} V_i}{V}, \qquad \overline{\omega}_i = 1/2(\omega_i^{t+1} + \omega_i^t)$$

根据 Jorgenson 等（2005），行业 i 的 TFP 增长率有如下分解成立：

$$\ln \left(\frac{A_i^{t+1}}{A_i^t}\right) = \ln \left(\frac{Y_i^{t+1}}{Y_i^t}\right) - \overline{v}_{Xi} \ln \left(\frac{X_i^{t+1}}{X_i^t}\right) - \overline{v}_{Ki} \ln \left(\frac{K_i^{t+1}}{K_i^t}\right) - \overline{v}_{Li} \ln \left(\frac{L_i^{t+1}}{L_i^t}\right) \qquad (4\text{-}22)$$

考虑行业增加值与行业总产出的关系，根据式（4-13）式可以得到：

$$\ln \left(\frac{V_i^{t+1}}{V_i^t}\right) = \frac{\overline{v}_{Ki}}{\overline{v}_{Vi}} \ln \left(\frac{K_i^{t+1}}{K_i^t}\right) + \frac{\overline{v}_{Li}}{\overline{v}_{Vi}} \ln \left(\frac{L_i^{t+1}}{L_i^t}\right) + \frac{1}{\overline{v}_{Vi}} \ln \left(\frac{A_i^{t+1}}{A_i^t}\right) \qquad (4\text{-}23)$$

将式（4-18）、式（4-19）和式（4-23）代入式（4-21）式可得如下结果：

$$\sum_i \overline{\omega}_i \ln \left(\frac{V_i^{t+1}}{V_i^t}\right) = \sum_i \overline{\omega}_i \left\{ \frac{\overline{v}_{Ki}}{\overline{v}_{Vi}} \ln \left(\frac{K_i^{t+1}}{K_i^t}\right) + \frac{\overline{v}_{Li}}{\overline{v}_{Vi}} \ln \left(\frac{L_i^{t+1}}{L_i^t}\right) + \frac{1}{\overline{v}_{Vi}} \ln \left(\frac{A_i^{t+1}}{A_i^t}\right) \right\}$$

$$= \sum_i \frac{\overline{\omega}_i}{\overline{v}_{Vi}} \left\{ \ln \left(\frac{A_i^{t+1}}{A_i^t}\right) + \overline{\alpha}_i \ln \left(\frac{K_i^{t+1}}{K_i^t}\right) + \overline{\beta}_i \ln \left(\frac{L_i^{t+1}}{L_i^t}\right) \right\}$$

$$\approx \sum_i \frac{\overline{\omega}_i}{\overline{v}_{Vi}} \left\{ \ln\left(\frac{A_i^{t+1}}{A_i^t}\right) + \overline{\alpha}_i \ln\left(\frac{\widetilde{\lambda}_{Ki}^{t+1}}{\widetilde{\lambda}_{Ki}^t}\right) + \overline{\beta}_i \ln\left(\frac{\widetilde{\lambda}_{Li}^{t+1}}{\widetilde{\lambda}_{Li}^t}\right) \right\}$$

$$+ \sum_i \frac{\overline{\omega}_i}{\overline{v}_{Vi}} \overline{\alpha}_i \ln\left(\frac{K^{t+1}}{K^t}\right) + \sum_i \frac{\overline{\omega}_i}{\overline{v}_{Vi}} \overline{\beta}_i \ln\left(\frac{L^{t+1}}{L^t}\right) \quad (4\text{-}24)$$

其中，$\overline{v}_{Ki}$ 和 $\overline{v}_{Li}$ 分别为资本投入和劳动投入占行业总产出的平均份额，即：

$$v_{Ki} = \frac{(1+\tau_{Ki})p_K K_i}{p_{Yi} Y_i} = \alpha_i, \qquad \overline{v}_{Ki} = 1/2(v_{Ki}^{t+1} + v_{Ki}^t) = \overline{\alpha}_i$$

$$v_{Li} = \frac{(1+\tau_{Li})p_L L_i}{p_{Yi} Y_i} = \beta_i, \qquad \overline{v}_{Li} = 1/2(v_{Li}^{t+1} + v_{Li}^t) = \overline{\beta}_i$$

附录 3.1 中给出了式(4-24)中其他项近似等于 0 的证明。

根据 Jorgenson 等(2005)，定义总的 TFP 变化率 ATFP 如下：

$$\text{ATFP} = \sum_i \overline{\omega}_i \ln\left(\frac{V_i^{t+1}}{V_i^t}\right) - \sum_i \frac{\overline{\omega}_i}{\overline{v}_{Vi}} \overline{\alpha}_i \ln\left(\frac{K^{t+1}}{K^t}\right) - \sum_i \frac{\overline{\omega}_i}{\overline{v}_{Vi}} \overline{\beta}_i \ln\left(\frac{L^{t+1}}{L^t}\right)$$

通过改写式(4-24)，可以得到：

$$\text{ATFP} \approx \sum_i \frac{\overline{\omega}_i}{\overline{v}_{Vi}} \ln\left(\frac{A_i^{t+1}}{A_i^t}\right) + \sum_i \frac{\overline{\omega}_i}{\overline{v}_{Vi}} \left\{ \overline{\alpha}_i \ln\left(\frac{\widetilde{\lambda}_{Ki}^{t+1}}{\widetilde{\lambda}_{Ki}^t}\right) + \overline{\beta}_i \ln\left(\frac{\widetilde{\lambda}_{Li}^{t+1}}{\widetilde{\lambda}_{Li}^t}\right) \right\} \quad (4\text{-}25)$$

在式(4-25)式右边，第一项表示各行业 TFP 变动带来的贡献(STFP)，它是各行业 TFP 增长率的加权平均，采用的是 Domar 权重。前面已经指出 Domar 权重加总大于 1，这一性质揭示中间投入放大了行业 TFP 增长对总体 TFP 增长的影响，并且放大程度与行业中间品投入对行业增加值 $\frac{p_{Xi} X_i}{p_{Vi} V_i}$ 的比值成正比[①]。第二项含有资本和劳动的相对扭曲系数，表示"再配置效率"(RE)，通过运算发现含有中间投入的项被完全消去，说明中间投入的

---

① 参见附录 4.2。

加入不影响资源再配置效率①。由于中间投入的加入放大了行业 TFP 增长的效应，同时中间投入的加入不影响资源再配置效率，故中间投入的加入会降低资源再配置效率的贡献。

六、测度各行业要素相对扭曲变化的贡献

为了进行有关的政策分析，我们需要讨论由单个行业、单种要素的价格扭曲程度变动带来的影响。根据 Aoki(2012)采用的方法，以资本为例，考虑如下假定：固定行业 i 的资本投入即为实际观测值，将剩余的资本无扭曲地分配到其他行业中去，从而经济中唯一的扭曲来源就是行业 i，而且保持行业 Domar 权重和资本的产出弹性不变。在该假定之下计算出来的资源再配置效率 RE 即为仅有行业 i 存在资本价格扭曲时的贡献 RE_{Ki}。

根据式(4-18)可知，行业 i 的资本相对扭曲系数 $\widetilde{\lambda}_{Ki}$ 和实际中一样。另外，资本价格在其他行业都一样，从而有 $\widetilde{\lambda}_{Km} = \widetilde{\lambda}_{Kn} = \widetilde{\lambda}_{K-i}$（$m$，$n$ 表示 i 以外的行业，$-i$ 用来表示所有 i 以外的行业）。

为了求 RE_{Ki} 需要首先算出 $\widetilde{\lambda}_{K-i}$，根据资源约束式(4-14)式可得：

$$K_{-i} = K - K_i = \sum_{m \neq i} K_m = \sum_{m \neq i} \frac{\widetilde{\sigma}_m \alpha_m}{\widetilde{\alpha}} \widetilde{\lambda}_{K-i} K \quad (4-26)$$

通过变换我们可以得到 $\widetilde{\lambda}_{K-i}$ 的表达式如下：

$$\widetilde{\lambda}_{K-i} = \left(\frac{\widetilde{\sigma}_{-i} \alpha_{-i}}{\widetilde{\alpha}} \right)^{-1} \frac{K_{-i}}{K} \quad (4-27)$$

其中，$\widetilde{\sigma}_{-i} = \frac{\sum_i p_{Yi} Y_i}{V} - \widetilde{\sigma}_i$，$\alpha_{-i} = \sum_{m \neq i} \frac{\widetilde{\sigma}_m}{\widetilde{\sigma}_{-i}} \alpha_m$，显然 α_{-i} 是 $\alpha_m (m \neq i)$ 的

---

① 参见附录 4.2，并且此处只考虑中间投入的放大效应，对中间投入本身的错配并没有考虑，若考虑会影响结论，但是反映的是不同的机制。

加权平均,其中权重为行业总产出占所有行业(除 i 行业之外)总产出之和的比重。

从而仅有行业 i 存在资本价格扭曲时的贡献 RE_{Ki} 的表示如下:

$$\mathrm{RE}_{Ki} = \frac{\overline{\omega}_i}{\overline{v}_{Vi}} \overline{\alpha}_i \ln\left(\frac{\widetilde{\lambda}_{Ki}^{t+1}}{\widetilde{\lambda}_{Ki}^t}\right) + \sum_{m \neq i} \frac{\overline{\omega}_m}{\overline{v}_{Vm}} \overline{\alpha}_m \ln\left(\frac{\widetilde{\lambda}_{K-i}^{t+1}}{\widetilde{\lambda}_{K-i}^t}\right) \quad (4\text{-}28)$$

同理可得:

$$\mathrm{RE}_{Li} = \frac{\overline{\omega}_i}{\overline{v}_{Vi}} \overline{\beta}_i \ln\left(\frac{\widetilde{\lambda}_{Li}^{t+1}}{\widetilde{\lambda}_{Li}^t}\right) + \sum_{m \neq i} \frac{\overline{\omega}_m}{\overline{v}_{Vm}} \overline{\beta}_m \ln\left(\frac{\widetilde{\lambda}_{L-i}^{t+1}}{\widetilde{\lambda}_{L-i}^t}\right) \quad (4\text{-}29)$$

其中,

$$\widetilde{\lambda}_{L-i} = \left(\frac{\widetilde{\sigma}_{-i}\beta_{-i}}{\widetilde{\beta}}\right)^{-1} \frac{L_{-i}}{L} \quad (4\text{-}30)$$

$$\beta_{-i} = \sum_{m \neq i} \frac{\widetilde{\sigma}_m}{\frac{p_{Yi}Y_i}{V} - \widetilde{\sigma}_i} \beta_m \qquad L_{-i} = L - L_i$$

第四节 结论性评述

本书构建了一个基于总产出(gross output)行业生产函数的增长核算框架,来衡量行业资源错配对总体经济的 TFP 的影响。这一多部门模型一方面与国际标准(OECD 和 SNA)的生产率核算框架相一致,保持了行业与总体相一致的测算理念;另一方面,通过在行业资本和劳动投入上引入税收或补贴的做法来刻画行业层面的要素价格扭曲,使得行业层面的资源错配程度得以衡量,并且可以用来分析行业资源错配对总体经济效率的影响。

本书提出的框架对现有资源错配和生产率核算两方面的文献均有补充。首先,补充了资源错配文献中对中间投入作用的分析,通过引入总产出(gross output)行业生产函数,将中间投入放大行业 TFP 增长的作用体现出来了,并且指出这一改进会修正采用增加值(value-added)行业生产函数对行业 TFP 增长贡献的低估和对资源配置效应的高估问题。其次,补充了生产率核算文献中资源配置效应行业来源的分析,通过相对扭曲系数来衡量行业资源错配的程度,从而进一步测度了各行业要素相对扭曲变化对总体资源配置效应的贡献。最后,本书对资源错配在总体 TFP 研究中一直采用的固定收入份额进行了突破,通过在概念上利用投入产出序列来构建时变收入份额的方法,在模型中对变动的产出弹性进行了刻画。

附录 4.1:推导式(4-24)

为了推导出式(4-24),我们需要证明 $\sum_i \frac{\overline{\omega}_i}{\overline{v}_{Vi}} \overline{\alpha}_i \Delta \ln \left(\frac{\widetilde{\sigma_i \alpha_i}}{\widetilde{\alpha}} \right)$ 和 $\sum_i \frac{\overline{\omega}_i}{\overline{v}_{Vi}} \overline{\beta}_i \Delta \ln \left(\frac{\widetilde{\sigma_i \beta_i}}{\widetilde{\beta}} \right)$ 近似等于 0。

$$\frac{\omega_i}{v_{Vi}} = \frac{\frac{p_{Vi} V_i}{V}}{\frac{p_{Vi} V_i}{p_{Yi} Y_i}} = \frac{p_{Yi} Y_i}{V} = \widetilde{\sigma}_i$$

根据上面的等式,可以得到:

$$\sum_i \frac{\overline{\omega}_i}{\overline{v}_{Vi}} \overline{\alpha}_i \Delta \ln \left(\frac{\widetilde{\sigma_i \alpha_i}}{\widetilde{\alpha}} \right) \approx \sum_i \overline{\sigma}_i \overline{\alpha}_i \Delta \ln \left(\frac{\widetilde{\sigma_i \alpha_i}}{\widetilde{\alpha}} \right) = \overline{\alpha} \sum_i \frac{\overline{\sigma}_i \overline{\alpha}_i}{\overline{\alpha}} \Delta \ln \left(\frac{\widetilde{\sigma_i \alpha_i}}{\widetilde{\alpha}} \right)$$

$$\sum_i \frac{\overline{\omega}_i}{\overline{v}_{Vi}} \overline{\beta}_i \Delta \ln \left(\frac{\widetilde{\sigma_i \beta_i}}{\widetilde{\beta}} \right) \approx \sum_i \overline{\sigma}_i \overline{\beta}_i \Delta \ln \left(\frac{\widetilde{\sigma_i \beta_i}}{\widetilde{\beta}} \right) = \overline{\beta} \sum_i \frac{\overline{\sigma}_i \overline{\beta}_i}{\overline{\beta}} \Delta \ln \left(\frac{\widetilde{\sigma_i \beta_i}}{\widetilde{\beta}} \right)$$

其中,$\overline{\alpha} = \sum_i \overline{\sigma}_i \overline{\alpha}_i$ 和 $\overline{\beta} = \sum_i \overline{\sigma}_i \overline{\beta}_i$。上面两个等式最后一项都近似等于 0,因为当存在 $\sum_i \gamma_i = 1$,有如下关系成立:

$$\sum_i \gamma_i \Delta \ln \gamma_i \approx \sum_i \gamma_i \frac{\Delta \gamma_i}{\gamma_i} = 1 - 1 = 0$$

附录4.2：中间投入降低资源再配置效率贡献的推导

$$\frac{\omega_i}{v_{Vi}} = \frac{p_{Yi}Y_i}{V} = \frac{p_{Vi}V_i + p_{Xi}X_i}{V} = \frac{p_{Vi}V_i\left(1 + \frac{p_{Xi}X_i}{p_{Vi}V_i}\right)}{V}$$

其中，$\frac{p_{Vi}V_i}{V}$ 表示行业增加值占总增加值的份额，体现了行业 TFP 提高对总体 TFP 的直接效果；而 $\frac{p_{Xi}X_i}{V}$ 表示行业中间投入占总增加值的份额，体现了行业 TFP 提高通过中间投入带来的溢出效应对总体 TFP 的间接效果。行业间接效果与行业中间投入与行业增加值 $\frac{p_{Xi}X_i}{p_{Vi}V_i}$ 的比值成正比，$\frac{p_{Xi}X_i}{p_{Vi}V_i}$ 越高，从而间接效果贡献越大。由于 $\frac{p_{Xi}X_i}{p_{Vi}V_i} > 0$，所以相对于没有中间投入的模型，引入中间投入之后，放大了行业 TFP 增长的效应。

$$\frac{\omega_i}{v_{Vi}}\alpha_i = \frac{\frac{p_{Vi}V_i}{V}}{\frac{p_{Vi}V_i}{p_{Yi}Y_i}} \times \frac{p_{Ki}K_i}{p_{Yi}Y_i} = \frac{p_{Vi}V_i}{V} \times \frac{p_{Ki}K_i}{p_{Vi}V_i}$$

其中，含有中间投入的项被完全消去，说明相对于没有中间投入的模型，中间投入的加入不影响资源再配置效率。

第五章　行业生产税负担对资源再配置效率的影响研究

第一节　引　　言

税收负担问题历来是关系到国计民生最尖锐、最敏感的问题之一。在中国经济面临下行压力的背景下，劳动力成本的上升使得企业的经营压力加大，供给侧结构性改革也明确提出要降低企业的成本。企业税负是影响企业成本的关键性因素，2016年年底社会各界对我国企业税负问题展开了广泛的讨论，但是到底我国的税收负担高不高，目前还缺乏严格的实证证据。而且税收负担会造成价格扭曲，从而对资源的配置以及生产率产生影响（申广军等，2016），但是目前也缺乏实证研究来揭示税收负担与资源配置效率之间的关系。

我国目前实行的是以生产税为主体的税制结构，生产税与传统所理解的"间接税""流转税"是相对应的，其特点在于可全部或部分地通过提高货物或服务的销售价格转嫁给其他机构单位（韩丽萍，2016）。目前，我国的税收收入大部分来自生产税（或间接税），生产税占总税收收入的70%以上，生产税的负担和分布对整体税制的负担和分布有重要的影响（聂海峰和刘怡，2010）。所以，本书试图从行业层面来分析我国生产税负担的具体情况，并且进一步探索生产税负担对资源配置的影响。

国内学者对税收负担问题进行了大量的研究，这些研究主要集中关注宏观税收负担和企业微观税收负担两个方面。其中，关于宏观税收负担的研究。杨斌(1998)是较早考察我国1994年分税制改革之前的税收负担的学者，通过分析1987—1996年我国宏观税收总水平的变化情况，指出税收总水平处于较低水平，最高不过16%，并且呈现逐年下降趋势。1994年分税制改革之后，税收负担的整体趋势发生了很大变化。安体富(2002)考察了1994—2001年我国税收收入增长与GDP增长之间的关系，发现从1997年开始我国税收收入出现了超常速增长，税收对增长的平均弹性系数为2.93。高培勇(2006)对1994—2005年我国税收收入持续高速增长的现象进行了分析，发现12年间税收收入的年平均增长率保持在18.35%。郭庆旺和吕冰洋(2010)分别从名义税收负担、宏观税收负担、税基税收负担和部门税收负担等角度对我国税收负担进行了综合分析，发现在1996—2007年我国的宏观税收负担处于明显上升趋势。同时，一些研究试图解释分税制改革之后，我国税收负担快速上升的现象。许宪春(2005)通过分析税收收入增长与GDP增长的关系，指出除了经济增长、政策调整和征管力度等因素之外，产业结构升级、外贸持续快速增长、企业效益的持续好转和居民收入的快速增长、所有制结构的优化、市场化程度的提高等因素促进了税收收入的高速增长。高培勇(2006)认为是我国现行税制的设计预留了很大的"征管空间"，从而税务部门通过加强税收征管促进了税收的快速增长。曹广忠等(2007)从地方政府土地财政激励与产业结构演变的角度考察了税收超常规增长的现象，指出地方政府为追求政绩和财政收入，低价出让土地从而推动高税行业如制造业、建筑业、房地产业等快速发展，是产生税收增速高于GDP增速的主要原因。吕冰洋和禹奎(2009)、吕冰洋和郭庆旺(2011)在总结前述研究的基础上，指出分税制改革之后，我国税收长时间高速增长的原因有三：分税制的税收分权契约性质具有强烈的税收激励作用；间接税的制度设计放大了纳税人的纳税能力；我国正处在"税收增长红利"集中释放期。关于企业微观税收负担的研究，杨之刚等(2000)利用1996—1999年国内100家工业企业的抽样样本，比较了不同行业以及内外资企业税收负担的差异，发现资本构成高的企业增值税负担更重，内外资企业的增值税差异不显著，但内资企业的所得税负担远高于外资企业。刘行和李小荣（2012）以1998—2010年我国A股上市公司为研究对象，发现相比非国有企业和中央政府控制的国有企业，地方政府控制的国有企业肩负着更沉重的税收负担，但是地方国有企业的金字塔结构则可以降低其税负，提升其市场价值。刘慧龙和吴联生（2014）以1999—2011年我国A股市场非金融类上市公司为研究对象，发现地区市场化水平、政府治理水平和法治化水平越高，公司实际税率越高，并且此效应只在非国有控股公司中存在。

关于税收负担对经济影响的研究主要集中在收入分配和经济增长两个方面。税收是购买力从住户和企业部门向政府部门的转移，所以学术界历来关注税收负担对收入分配的影响。刘怡和聂海峰（2004）利用城市住户调查资料考察了我国增值税、消费税和营业税这三项主要的间接税在不同收入群体的负担情况，发现间接税是接近成比例负担的，对收入分配有恶化作用，但是不显著。由于我国税收制度的主体是间接税，而间接税具有可转嫁的特征，所以考察税收转移对于税收负担的研究具有重要意义。聂海峰和刘怡（2010）以中国住户调查数据为基础，利用投入-产出表技术模拟间接税在不同部门的流转情况，估算了增值税、消费税、营业税和资源税等间接税在城镇居民不同收入群体的负担情况。关于税收负担对经济增长的影响，申广军等（2016）指出企业增值税的降低在短期可以刺激企业的固定资产投资，在长期可以提升企业资产产出效率和劳动产出效率。陈晓光（2013）利用Hsieh和Klenow模型和工业企业数据库的数据，对由于企业增值税有效税率差别导致的全要素生产率损失进行了测算。但是目前来看，关于税收负担对资源配置效率影响的研究还比较缺乏。

目前学术界对行业层面的税收负担的研究也是比较缺乏的，王韬和萧艳汾（2006）以2004年深圳市增值税一般纳税人数据为例，分析了行业税收负担情况，但是由于只有深圳市的部分抽样调查数据，而且只涉及2004年，故无法对全国各行业长时期的税收负担问题形成一个全面系统的认识。生产税作为与"间接税"相对应的国民经济核算的重要指标，对于理解经济增长和收入分配有着至关重要的意义，但是我国学术界关于生产税的研究几乎处于空白,韩丽萍(2016)是比较罕见的关注生产税的研究者,通过2000年、2002年、2005年、2007年和2010年五张投入产出表对行业生产税负担进行了分析,但是这一分析采用的并非是生产税,而是生产税净额,并且由于没有完整的投入产出序列从而也缺乏完整性。故本书通过参考国民账户体系(SNA)和主要国际组织的经验做法,系统阐述生产税的理论内涵和核算制度规定,并且根据中国官方国民经济核算实务的具体操作以及公开发布数据的情况确定了分行业生产税核算方法,在此基础上构建跨越1980—2014年的中国分行业生产税时间序列,并且基于本书构建的生产税序列和CIP(中国产业生产率数据)投入产出序列来系统分析改革开放以来我国生产税负担的总体变化趋势以及行业之间的异质性,这在国内尚属首例。本书进一步从政府干预的视角,结合一些重要的制度变量来考察税收负担对资源再配置效率的影响,对资源错配原因的探索进行了有力的文献补充。

本章的结构如下:第二节梳理国民账户体系(SNA)和主要国际组织的经验做法,系统阐述生产税的概念与核算方法;第三节梳理我国经济普查年度和非经济普查年度的收入法GDP核算方法,对主要行业的生产税核算方法进行总结和归纳;第四节收集官方公布的数据资料,构建1980—2014年我国分行业生产税序列;第五节结合CIP投入产出序列,分析改革开放以来我国分行业生产税负担的特征并进行解读;第六节实证检验生产税负担、国企比重和出口导向政策对资源再配置效率的影响;第七节为结论性评述。

第二节 生产税的概念与国际标准

生产税作为国民经济核算的重要组成部分,是指政府对生产单位从事生产、销售和经营活动以及因从事生产活动使用某些生产要素(如固定资产、土地、劳动力)所征收的各种税、附加费和规费(国家统计调查制度,2014)。生产税的核算体现了政府对经济活动的干预和影响,是反映一国经济总产值中政府分配所占份额大小的重要指标。国际上,关于生产税的理论阐释和统计实践均以联合国等编制的《国民账户体系》(SNA)为准,一些重要的国际组织包括国际货币基金组织(IMF)、世界银行(World Bank)、经济合作与发展组织(OECD)、欧洲联盟委员会等在核算生产税时基本上都遵循了该文件所规定的指导性原则,并且基本的概念定义和核算方法论都保持一致。因此,本书将以《国民账户体系》为主,同时参考IMF、欧盟等国际组织的经验做法,系统地阐述生产税的理论内涵和核算制度规定。

一、SNA关于生产税的制度规定

《国民账户体系》(SNA)是在联合国、欧洲联盟委员会、经济合作与发展组织、国际货币基金组织和世界银行的主持下制订和发布的,目前被广泛使用的是1993年(SNA1993)和2008年(SNA2008)两个版本。由于在生产税核算方面SNA1993和SNA2008基本一致而变化不大,因此本书主要以SNA2008的相关规定为基础来进行分析。

国民账户体系主要以综合经济账户为主,此外还包括供给和使用表(SUT)、人口和就业表、金融资产和负债表等。其中,综合经济账户的账户序列包括三个部分:经常账户、积累账户和资产负债账户。而生产税的核算主要涉及了经常账户中的初次收入分配账户,该账户主要包括两个子账户:收入形成账户和初始收入分配账户。在"收入形成账户"的使用方和"初始收入分配账户"的来源方,生产税以"生产和进口税"(taxes on production and on imports)的项目名义来进行归集和核算,并没有单独核算生产税的项目。其中,初始收入是指机构单位因参与生产活动或拥有生产所需资产的所有权而获得的收入(SNA2008)。它包括四个部分:雇员报酬、生产税和进口税、补贴和财产收入。而生产税和进口税收入(减去生产补贴和进口补贴)被视为政府部门的初始收入。

"生产和进口税"主要包括两部分:产品税(taxes on products)和其他生产税(other taxes on production)。根据SNA2008的定义,产品税是按每单位货物或服务应缴纳的税收,既可以从量计征,也可以从价计征。其他生产税是指除产品税以外,企业因从事生产活动而应缴纳的所有税收。该类税收不包括任何针对企业所得利润或其他收入而征收的税,无论生产活动的盈利情况如何，都应缴纳。关于生产和进口税的完整分类及其定义如表5.1所示：

表 5.1   生产税的税种构成与定义

主要部分	构成税种	定　义
产品税	增值类税（VAT）	在货物或服务的转移过程中，分阶段由相应企业征收，但最后完全由最终购买者承担的税收
	进口税和进口关税（不包括VAT）	当货物跨越经济领土意义上的国境或关境，或服务由非常住生产者提供给常住机构单位时，这些货物或服务所应缴纳的税收
	出口税	当货物离开经济领土或服务由常住者提供给非常住者时应纳的税收
	产品税（不包括VAT、进口和出口税）	对生产、销售、转移、出租或交付货物服务而征收的税收；或者对出于自身消费或资本形成的目的使用货物服务而征收的税收
其他生产税	工薪或劳力税	企业按所付工资和薪金的一定比例，或者按每名雇员某固定数额来计算应纳税额
	土地、房屋或其他建筑物定期税	由于拥有或使用企业生产用土地、房屋或其他建筑物而应定期缴纳（通常是按年缴纳）的税
	营业和执业执照税	企业为获得允许从事特定种类的营业活动或职业执照而缴纳的税收
	固定资产使用或其他活动税（通常称为牌照税）	对企业出于生产目的使用车辆、船舶、飞机或其他机械设备（无论自有还是租赁）而定期征收的税
	印花税	指不属于针对已确定交易类型征收的印花税，如法律文件或支票上的印花税
	污染税	对向环境中排放有毒气体、液体或其他有害物质而征收的税
	跨国交易税	对海外旅行、国外汇款或类似与非常住者间的交易所征收的税

注意：此表为作者整理，资源来源为《国民核算体系2008》（中文版），中国统计出版社，2012。

其中，产品税（不包括 VAT、进口和出口税）主要包括：一般销售税或流转税（包括制造、批发和零售税，购买税，营业税等，但不包括 VAT 和其他可抵扣税），消费税，特定服务税，金融和资本交易税，财政专营利润，中央银行实施高于市场水平的利率产生的税等（联合国等，2012）。此外，在经常账户的子账户——生产账户中，产品税在估价产出方面发挥着重要作用。SNA 使用两种价格来核算产出，即基本价格和生产者价格，这两种价格都与产品税有着密切联系：基本价格中不包括生产者从购买者那里获得、再转移给政府的任何产品税，但包括生产者从政府那里获得、用于降低向购买者所收取价格的所有产品补贴。然而，生产者价格中包括产品税（每单位产出的应缴税额），但不包括产品补贴（每单位产出获得的补贴）。两种价格都不包含发票单列的增值税。两者之间的关系如下所示：

生产者价格＝基本价格＋产品税（不包括发票单列 VAT）－产品补贴

由于 SNA2008 关于生产税的核算是以 SNA1993 的相关规定为基础，并且基本上没有进行修改，所以 SNA1993 关于生产税的核算内容不再赘述。

二、IMF、OECD 和欧盟委员会操作实务的国际比较

（一）国际货币基金组织

在国民经济核算方面，IMF 关于生产税的核算原则与 SNA2008 保持一致，没有差别；而在政府财政统计方面，两者税收收入的口径、时间和定值保持一致，但是分类体系却存在差异。

IMF 在 2013 年发布的《国际收支和国际投资头寸手册（第六版）》（BMP6）指出：产品和生产的税收和补贴计入初次收入账户，这与 SNA 保持概念上的一致性。此外，关于生产和进口税的具体内容，BPM6 也以 SNA2008 的规定为主，即产品和生产的税收和补贴包括产品税和其他生产税两部分（国际货币基金组织，2013）。

而在《2014 年政府财政统计手册》（GFSM2014）中，对税收收入的分类则与 SNA2008 有所不同。SNA 主要根据不同税收在经济活动中的作用来划

分税种，主要包括 3 类：(1)对生产和进口征收的税收(D2)；(2)对所得、财富等征收的经常性税收(D5)；(3)资本性税收(D91)。而政府财政统计体系(GFS)采用的方法是主要根据税基对税收进行分类，主要包括 6 类：(1)对所得、利润和资本收益征收的税收；(2)对工资和劳动力征收的税收；(3)对财产征收的税收；(4)对商品和服务征收的税收；(5)对国际贸易和交易征收的税收；(6)其他税收(IMF，2014)。

对于生产和进口税具体而言，GFSM2014 和 SNA2008 交易类别之间对应关系比较复杂。粗略而言，在 GFS 中，"对工资和劳动力征收的税收""对商品和服务征收的税收"和"对国际贸易和交易征收的税收"中除了由最终消费者所要缴纳的税类之外大部分税收、"其他税收"中的印花税和其他生产税基本对应于 SNA 中的"生产和进口税"。

(二)经济与合作发展组织(OECD)

OECD 在 2014 年发布的《理解国民账户》中详细探讨了经合组织国家实施 SNA 的具体情况并对实施经验进行了总结。OECD 关于生产和进口税的定义来自于 SNA2008，而对于生产和进口税的讨论是以机构部门账户为单元进行的。

对于测算产出和增加值而言，在产出测算价格方面，OECD 国家基本上以"基本价格"为准，但是美国却是例外：以市场价格计算产出和增加值，即价格包含产品税。而对于基本价格而言不包括产品税，因为产品税要提前转给税务局而并不停留在生产者手中，但是它包括生产补贴。而在测算增加值方面，生产税扣除经营补贴后的净值则是构成增加值的重要组成部分。对于非市场的机构部门而言，包括广义政府和非营利性组织，其产出则是通过成本加总来测算的。其中，生产税包括在加总成本当中(Lequiller and Blades，2014)。

在 OECD 国家中，产品税主要包括销售税和其他特定商品税，包括石油制品、烟草或酒精饮料等。从对消费进行经济分析的角度出发，含有产品税的价格是最为合适的。

在住户部门中,收入形成账户的使用方主要包括两部分:雇员报酬和生产税净额。其中,生产税净额主要由生产要素(劳动和资本)的所有者或使用者所缴纳的税收构成,而"净额"意味着扣除了生产补贴。在住户部门的收入形成账户中,生产补贴主要支付了农民。

在企业部门中,收入形成账户的使用方核算的是其他生产税和补贴。其他生产税和补贴测算的是总生产税和补贴减去产品税和补贴后的差额。由于在国民账户中生产是以基本价格来测算,即不包括产品税和补贴,所以即使企业实际上收集了这些税收,产品税和补贴(包括增值税)也不会在企业账户中反映。

在政府部门中,其职能主要包括两个:提供非市场服务(教育、医疗、国防等)和收入分配(社会福利、补贴等)。生产和进口税作为间接税反映在初次收入分配账户中。

OECD 国家中除了美国核算产出时所用价格有所差异外,其他国家在核算生产和进口税时基本上与 SNA2008 保持一致。

(三)欧洲联盟(EU,以下简称欧盟)

欧盟在 2013 年发布的《欧洲核算体系 2010》(ESA2010)与 SNA2008 确定的国民账户核算原则保持一致,然而针对欧盟自身的特点,在表述方式和部分概念的准确阐释程度上有所不同。关于生产和进口税,ESA 是在分配交易中进行详细说明的。

根据 ESA2010 的定义,生产和进口税是指在商品与服务的生产和进口、劳动力雇佣、生产中所用的土地、建筑和其他资产等的所有权或使用方面,由广义政府或欧盟机构强制无偿征收的现金或实物(Eurostat, 2013)。而关于生产和进口税所包括的组成部分即产品税和其他生产税两个方面,ESA2010 与 SNA2008 的内容基本保持一致。然而,在产品税中,ESA2010 对于产品税(不包括 VAT、进口和出口税)具体内容的分析则更为具体,认为应当包括:消费税,特定商品销售的印花税,金融和资本交易税,汽车登记税,环境税,博彩税,保险费税,其他特定服务税,一般销售税或流转税,财政专营利润,出口关税和对出口征税的货币补偿额。其中,印花税在 SNA2008 中被归为其他生产税。对于其他生产税而言,除了 SNA2008 所规定的内容以外,ESA2010 还包括农业中常见的由定额税制所造成的增值税欠补偿。

ESA 关于生产和进口税的核算基本上与 SNA 保持一致,只是在内部税种的划分和归类方面有所差异,但总的核算原则是一样的。

第三节 中国分行业生产税核算方法与构建

在中国的国民经济核算体系中,生产税出现在国内生产总值核算、投入产出核算和资金流量核算三个账户中。国内生产总值(GDP)核算中,收入法 GDP 核算的增加值包含四个部分:劳动者报酬、生产税净额、固定资产折旧和营业盈余,其中生产税净额等于生产税减去生产补贴的差额。投入产出核算中,增加值部分也是采用的收入法 GDP 核算中增加值核算的方法,其中生产税也是生产税净额的构成部分。资金流量核算中,非金融部门交易项目包括生产税净额,生产税也是其构成部分。但是在这三个账户中,前两者有进行分行业的核算,而资金流量核算是按部门来进行的,并无分行业核算结果。故本书在研究分行业生产税负担时依据的核算方法基于前两个账户。

分行业生产税核算方法在国内生产总值核算和投入产出核算中均有介绍,而且两者的核算方法基本一致,所以本书就采用国内生产总值核算中介绍的方法。总体上来说,在收入法 GDP 核算中,生产税包括主营业务税金及附加,增值税、管理费用中列支的房产税、城镇土地使用税、车船使用税、印花税、应交纳的养路费、排污费、矿产资源补偿费、水电费附加、烟草专卖上缴政府的专项收入等(中国国家统计局国民经济核算司,2011,2013)。对于不同的行业来说,生产税的核算方法也不同,并且在收入法 GDP 核算中,生产税并不单独作为行业增加值的构成项目进行说明,而是作为生产税净额的构成部分被体现出来。

根据中国分行业生产税的核算方法①,我们可以将行业分为三大部门,部门之间的处理方法有较大差距,同一部门之中处理方法一致。第一部门即农林牧渔业,第二部门即工业,第三部门即建筑业和服务业。构建分行业生产税的资料主要来源有《中国财政年鉴》《中国工业统计年鉴》和《中国税务年鉴》。本书各主要变量构建采用的都是 CIP(中国产业生产率数据)(Wu,2015;Wu and Ito,2015;Wu et al.,2015)行业分类,该行业分类主要是以《国民经济行业分类》(GB/T4754—2002)为基础,而关于行业生产税负担考虑的时间段为 1980—2014 年,我国在该时间段内分别实施过五个行业分类规定或标准,即《关于劳动计划、统计中的范围、指标、分类和计算方法的暂行规定》(1959)、《国民经济行业分类和代码》(GB/4754—84)(方宽,2002)、《国民经济行业分类和代码》(GB/T4754—94)、《国民经济行业分类》(GB/T4754—2002)、《国民经济行业分类》(GB/T4754—2011),为了保持行业分类的一致性,我们首先分别将采用非 2002 年标准的年份调整为 2002 年标准,然后再统一调整为 CIP 标准②。为了进一步考察处于产业链的不同位置的行业的生产税负担和资源再配置效率情况(往往处于产业链的不同位置代表着不同程度的政府干预与补贴),我们将 37 个行业归为 8 个组。我们首先将工业部门的 24 个行业分为三个组:能源工业(Energy)、基础材料工业(C&P)和成品及半成品制造业(SF&F)。根据行业与"最终消费"的距离,能源工业位于产业链的最前端,基础材料工业位于产业链的中间,而成品及半成品制造业最接近最终消费市场。其他的分组并不简单地依据于它在产业链的位置或者与"最终消费"的距离,农业不仅提供最终消费而且更重要的是它还作为食品加工业的中间投入;建筑业可能作为上游产业,但同时它也提供居民住宅作为最终产品。另外,服

---

① 参考国家统计局国民经济核算司:《中国第二次经济普查年度国内生产总值核算方法(2008 年)》,2011 年;中国国家统计局国民经济核算司:《中国非经济普查年度国内生产总值核算方法(第一次修订)》,2013 年。

② CIP 行业分类基于《国民经济行业分类》(GB/T4754—2002)进行了部分调整,具体对应见附录。

务业可以分为三个组：服务业Ⅰ是国有垄断服务业，如金融、交通运输和通信信息；服务业Ⅱ是指其余的市场性服务业，叫做其他市场服务业；服务业Ⅲ是非市场服务业，包括公共管理、教育、卫生和其他服务业。

一、农、林、牧、渔业

农、林、牧、渔业的生产税在2006年以前是农业税、农业特产税、牧业税和屠宰税四项加总，2006年以后是烟叶税[①]。由于《国民经济行业分类》(GB/T4754—2002)实施以前，采矿业中包含木材及竹材采选业，之后木材及竹材采选业就划归农、林、牧、渔业了，为了保持一致，我们将2003年以前木材及竹材采选业的生产税从采矿业转移到农、林、牧、渔业。

二、工业

本书将工业的生产税定义为：工业生产税＝主营业税金及附加（或营业税金及附加）＋本年应交增值税，首先估计规模以上工业的生产税，然后根据经济普查年度的资料来推算全部工业的生产税。根据分行业相应指标的数据可得性与行业分类标准的变化，本书首先分阶段来构建规模以上工业部门分行业生产税序列。

2012—2014年采用2011年行业分类标准，《中国工业统计年鉴》给出了规模以上工业分行业主营业税金及附加、本年应交增值税的数据，故直接采用年鉴上的数据，但是根据2011年行业分类标准和2002年行业分类标准的联系来进行调整。2012年由于新增加了开采辅助活动从而需要进行调整，开采辅助活动指为煤炭、石油和天然气等矿物开采提供的服务，包括煤炭开采和洗选辅助活动、石油和天然气开采辅助活动、其他开采辅助活动，故将这三个子行业的主营业税金及附加和本年应交增值税分别归到

[①] 2006年起，取消农牧业税和农业特产税，但当年农牧业税和农业特产税尚有少量尾欠，故2006年是农业税、牧业税、农业特产税和烟叶税加总。

煤炭开采和洗选业、石油和天然气开采业以及其他采矿业，从而与采用2002年行业标准的年份保持一致。金属制品、机械和设备修理业也是2011年行业分类新增的，是从金属制品业，通用设备制造业，专用设备制造业，汽车制造业，铁路、船舶、航空航天和其他运输设备制造业，电气机械和器材制造业，计算机、通信和其他电子设备制造业，仪器仪表制造业中分离出来的一部分，故本书将金属制品、机械和设备修理业各子行业的主营业税金及附加和本年应交增值税归到对应行业中去，其中其他机械和设备修理业被归到计算机、通信和其他电子设备制造业①。由于2011年行业分类将交通运输设备制造业拆分为汽车制造业和铁路、船舶、航空航天和其他运输设备制造业两个行业，本书将这两个行业的数据重新合并为交通运输设备制造业。2011年行业分类中仪器仪表制造业对应2002年行业分类中的仪器仪表及文化、办公用机械制造业，但是少了文化、办公用机械制造部分，这部分被并入了通用设备制造业，为了与之前数据保持可比性，本书利用文化、办公用机械制造子行业的数据构造出与2002年标准一致的仪器仪表及文化、办公用机械制造业，通用设备制造业。2011年行业分类中其他制造业对应2002年行业分类中的工艺品及其他制造业，同时2011年行业分类中文教、工美、体育和娱乐用品制造业对应2002年行业分类中的文教体育用品制造业，相当于2011年行业分类将工艺品制造业从其他制造业调整到文教体育用品制造业，根据CIP的行业分类标准，本书将这两个行业和废弃资源综合利用业合并，构成CIP的其他制造业。

2003—2011年采用2002年行业分类标准，《中国工业统计年鉴》和《中国统计年鉴》给出了规模以上工业分行业主营业税金及附加（或产品销售税金及附加）、本年应交增值税的数据②，故直接采用年鉴上的数据。

---

① 由于其他机械和设备修理业在名称上没有对应的行业，而金属制品、机械和设备行业中没有对应的维修子行业的就剩计算机、通信和其他电子设备制造业了，故将这两者对应。

② 其中，2004年的数据来源于《中国统计年鉴》，2004年及以前"主营业务税金及附加"对应指标为"产品销售税金及附加"。

1998—2002年采用1994年行业分类标准,《中国工业统计年鉴》和《中国统计年鉴》给出了规模以上工业分行业产品销售税金及附加、本年应交增值税的数据,故直接采用年鉴上的数据,但是根据1994年行业分类标准和2002年行业分类标准的联系来进行调整。在1994年标准中,木材及竹材采运业属于采矿业,但是在2002年标准和2011年标准中,木材及竹材采运业被划到了农业,所以我们将2003年之前的木材及竹材采选业的生产税从采矿业转移到农、林、牧、渔业。1998—2002年其他采矿业没有数据,我们采用1997年的其他采矿业的生产税来代替。由于缺乏其他制造业的数据,我们采用CIP行业中其他制造业①的增加值×(2003年CIP行业中其他制造业的生产税/2003年CIP行业中其他制造业的增加值)来计算1998—2002年CIP行业中其他制造业的生产税。

1995—1997年采用1994年行业分类标准,《中国统计年鉴》给出了全部独立核算工业企业分行业产品销售税金及附加、本年应交增值税的数据,故直接采用年鉴上的数据,但是根据1994年行业分类标准和2002年行业分类标准的联系来进行调整。首先,将木材及竹材采选业的生产税从采矿业转移到农、林、牧、渔业。废弃资源和废旧材料回收加工业由于2002年之前的行业标准并没有该行业,并且2003年该行业的生产税又非常小,故而本书将1998年之前该行业的生产税均假定为0。

1985—1994年采用1984年行业分类标准,《中国统计年鉴》和《中国工业统计年鉴》给出了全国乡及乡以上独立核算工业企业财务指标中的产品销售税金,但是没有给出增值税,同时给出了利税总额和利润总额,其中利税总额包括了增值税②,本书利用利税总额减去利润总额近似计算生产税,并且通过对1996年、1997年、1999年、2000年分别采用利税总额减去利润总额的方法和产品销售税金及附加加上应交增值税的方法来计算生

---

① 对应于2002年行业标准的工艺品及其他制造业、废弃资源和废旧材料回收加工业与文教体育用品制造业的总和。

② 工业经济统计年鉴给了利税总额的定义。见《中国工业经济统计年鉴(1995)》,中国统计出版社1996年版,第404页。

产税，发现这两种方法的计算结果是一致的，从而说明这种方法计算的生产税与 1994 年以后构建的生产税具有可比性。从数据上来看，1993—1994 年的行业分类与 1994 年行业分类标准一致，故将木材及竹材采选业的生产税从采矿业转移到农、林、牧、渔、业即可。1985—1992 年的行业分类与 1985 年行业分类标准一致，其中 2002 年行业标准中的非金属矿采选业对应建筑材料及其他非金属矿采选业、采盐业两个子行业，故将这两个行业分别计算出来的生产税合并为非金属矿采选业的生产税。1985 年标准中并没有区分食品加工业和食品制造业，对应的只有食品制造业和饲料业两个子行业，故本书将食品制造业、饲料业、饮料制造业一起合并，构成 CIP 行业分类中的食品加工制造及饮料业。1985 年标准中并没有区分通用设备制造业和专用设备制造业，而是统一给出了机械工业，本书直接采用机械工业作为 CIP 行业分类中的通用和专用设备制造业。2002 年标准中的工艺品及其他制造业对应工艺美术品制造业、其他工业两个子行业，本书将这两个行业加总为工艺品及其他制造业。2002 年标准中的石油加工、炼焦及核燃料加工业与燃气生产和供应业两个行业对应 1985 年标准中石油加工业与炼焦、煤气及煤制品业两个行业，故需要将炼焦、煤气及煤制品业中炼焦业部分拆分出来与石油加工业合并构成石油加工与炼焦业，从而与 2002 年行业分类保持一致。由于工业部门的生产税是以增值税为主导的，所以我们利用 1987 年和 1992 年投入产出表中炼焦业和煤气及煤制品业的增加值比例来分解炼焦、煤气及煤制品业，将炼焦业的生产税分解出来，其中 1988—1991 年的增加值比例采用插值法，1985—1987 年的增加值比例采用 1987 年的比例。最后，将木材及竹材采选业的生产税从采矿业转移到农林牧渔业。

1980 年按 1984 年行业分类标准的数据在《中国工业统计年鉴》(1994) 上已经给出，故可以按照 1985—1992 年相应的处理方法来计算分行业生产税。1981—1984 年并没有按 1984 年行业分类标准给出分行业利润总额和利税总额的数据，但《中国工业统计年鉴》给出了 1978—1990 年主要工业行业乡及乡以上独立核算工业企业主要财务指标，其中包含利润总额与利润和税金总额，通过利润和税金总额减去利润总额计算出主要工业行业的生产税，然后按照调整为2002年行业标准的1980年和1985年行业生产税结构来分解主要工业行业生产税，其中1981年和1982年依据1980年的行业结构，1983年和1984年依据1985年的行业结构。

规模以上工业企业是基于规模以上和规模以下工业分类的，从1998年开始，国家统计局将全部工业统计调查单位划分为规模以上工业和规模以下工业两大部分。1998年至2006年，规模以上工业包括全部国有工业企业和年产品销售收入500万元及以上的非国有工业企业；规模以下工业包括年产品销售收入500万元以下的非国有工业企业和个体工业经营户。国家统计局根据2006年对这一标准的修订，2007年开始规模以上工业的范围改为年主营业务收入500万元及以上的工业企业，规模以下工业改为年主营业务收入500万元以下的工业企业和个体工业经营户。国家统计局2010年又对这一标准进行了修订，使得从2011年开始规模以上工业的范围修订为年主营业务收入2000万元及以上的工业企业，规模以下工业修订为年主营业务收入2000万元以下的工业企业和个体工业经营户（许宪春，2016）。为了将规模以上工业的生产税调整为全部工业的生产税，我们需要利用三次经济普查的资料。根据规模以上工业标准的变化，2011—2014年的调整以2013年第三次经济普查资料为依据，由于第三次经济普查给出了规模以上工业和全部工业分行业的主营业务税金与附加，从而我们根据这两者的比例，将本书构建的规模以上工业分行业生产税调整为全部工业分行业生产税。2007—2010年的调整以2008年第二次经济普查资料为依据，由于第二次经济普查出了规模以上工业和全部工业分行业的主营业务税金与附加和增值税，从而我们根据相应比例，将本书构建的规模以上工业分行业主营业务税金与附加和增值税分别调整为全部工业分行业主营业务税金与附加和增值税，进而相加得到全部工业分行业生产税。1998—2006年的调整以2004年第一次经济普查资料为依据，由于第一次经济普查给出了规模以上工业和全部工业分行业的主营业务税金与附加，从而我们根据这两者的比例，将本书构建的规模以上工业分行业生产税调整为全部工业分行业生产税。1995—1997年本书是采用全部独立核算工业企业口径来构建的分行业生产税①，1980—1994年本书是采用全国乡及乡以上独立核算工业企业口径来构建的分行业生产税，这两个口径相对全部工业口径基于差别不大，从而就将其作为全部工业口径处理。经过以上步骤，本书构建了1980—2014年工业行业的生产税序列。

三、建筑业和服务业

本书将建筑业和服务业生产税定义为所有间接税之和，其中批发零售业的间接税之中增加值是其主要部分，其他行业的间接税在本书考察的大部分时间段内基本不含增值税②。本书主要根据《中国税务年鉴》的资料来构建建筑业和服务业的生产税，包含的间接税有：国内增值税、国内消费税③、营业税、城市维护建设税、房产税、印花税、城镇土地使用税、土地增值税、车辆购置税、车船税、屠宰税、筵席税、燃油税、资源税、固定资产投资方向调节税、耕地占用税、契税、其他各税④。在"营改增"之前，对于除了批发零售业之外的建筑业和服务业其他行业，增值税都是相对少量的，主要是这些行业附属的工业或者批发零售业所产生的，由于没有其他信息来调整这些行业的增值税，从而本书在计算行业生产税时也将国内增值税包含进去了。同样，根据分行业相应指标的数据可得性与行业分类标准的变化，本书分阶段来构建建筑业和服务业分行业生产税序列。

2012—2014年采用2011年行业分类标准，《中国税务年鉴》给出了全

---

① 独立核算工业企业是指从事工业生产经营活动的单位（中国统计年鉴，1997）。
② 随着2012年国家开始"营改增"试点以及2014年全面实行，从2012年开始建筑业和服务业的增值税在不断上升。
③ 由于缺乏相应数据，本书不考虑进出口业务所涉及的增值税和消费税。
④ 屠宰税、筵席税、燃油税、资源税、固定资产投资方向调节税从2006年开始被取消了。耕地占用税、契税从2012年开始在税务年鉴中出现。

国税收入分税种分行业收入情况,故直接采用年鉴上的数据,但是根据 2011 年行业分类标准和 2002 年行业分类标准的联系来进行调整。2011 年标准中卫生和社会工作,公共管理、社会保障和社会组织对应 2002 年标准中卫生、社会保障和社会福利业,公共管理和社会组织,主要是将 2002 年标准中的社会保障进行了移动,为了数据的可比性,我们需要将 2012—2014 年公共管理、社会保障和社会组织中的社会保障业调整到卫生和社会工作中去,但是由于 2012 年之前,卫生、社会保障和社会福利业的生产税大约相对于公共管理和社会组织的生产税的 1%,故调整之后不会有什么影响,故本书采取不调整。另外《中国税务年鉴》从 2001—2014 年都有给出"其他行业"的税收收入,但是由于"其他行业"并不与国民行业分类任何一个行业对应,从而本书忽略该行业的税收收入。同时水利、环境和公共设施管理业的税收数据在 1980—2014 年均未给出。

2003—2011 年采用 2002 年行业分类标准,《中国税务年鉴》给出了全国税收收入分税种分行业收入情况,故直接采用年鉴上的数据。但是有些行业在某些年份是缺乏数据的,比如科学研究和技术服务业在 2011 年之前都没有数据,居民服务和其他服务业在 2006 年之前缺乏数据,卫生、社会保险和社会福利业在 2007 年之前缺乏数据,教育在 2007 年之前缺乏数据,公共管理和社会组织在 2007 年之前缺乏数据。对于行业数据缺乏的处理方法见后面部分的分析。

《中国税务年鉴》最早的版本是 1992 年,但是最早的具有分行业税收数据的年份始于 2001 年[①],即从 2000 年开始才有公开可得的分行业税收数据。2000—2002 年采用 1994 年行业分类标准,所以需要将行业分类调整为 2002 年标准的行业分类,使得前后数据具有可比性。本书通过对比 1994 年和 2002 年行业标准,发现需要进行调整的行业相应的对照表如表 5.2 所示:

---

① 记录的是 2000 年的数据。

表 5.2　2002 年行业分类与 1994 年行业分类对照调整表(服务业)

2002 年行业门类 （或大类）	2002 年行业大类 （或中类）	1994 行业门类 （或大类）	1994 行业大类 （或中类）
批发和零售业	批发和零售业	批发和零售贸易、餐饮业	批发和零售贸易
住宿和餐饮业	住宿和餐饮业	批发和零售贸易、餐饮业	餐饮业
		社会服务业	旅馆业
交通运输、仓储和邮政业	铁路运输业	交通运输、仓储及邮电通信业	铁路运输业
	道路运输业		公路运输业
	水上运输业		水上运输业
	航空运输业		航空运输业
	管道运输业		管道运输业
	装卸搬运和其他运输服务业		装卸搬运和其他运输服务业
	仓储业		仓储业
	邮政业		邮电业(邮政业)
	城市公共交通业	社会服务业	公共服务业(市内公共交通业)
信息传输、计算机服务和软件业	电信和其他信息传输服务业	交通运输、仓储及邮电通信业	邮电业(电信业)
	计算机服务业	社会服务业	计算机应用服务业
	软件业		
租赁和商务服务业	租赁业	社会服务业	租赁服务业
	商业服务业	社会服务业	信息、咨询服务业
			旅游业
			其他社会服务业
		其他行业	企业管理机构

续表

2002年行业门类（或大类）	2002年行业大类（或中类）	1994行业门类（或大类）	1994行业大类（或中类）
科学研究和技术服务业		科学研究和综合技术服务业	
		地质勘查业、水利管理业	地质勘查业
水利、环境和公共设施管理业	水利管理业	地质勘查业、水利管理业	水利管理业
	环境管理业	社会服务业	公共服务业（剔除市内公共交通业）
	公共设施管理业		
居民服务、修理和其他服务业	居民服务	社会服务业	居民服务
教育		教育、文化艺术及广播电影电视业	教育
卫生和社会工作		卫生、体育和社会福利业	卫生+社会福利保障业
文化、体育和娱乐业	新闻出版业	教育、文化艺术及广播电影电视业	文化艺术业
	文化艺术业		
	广播、电视、电影和音像业	教育、文化艺术及广播电影电视业	广播电影电视业
	体育	卫生、体育和社会福利业	体育
	娱乐业	社会服务业	娱乐服务业

2000—2002年的税收数据中除了批发和零售贸易及餐饮业、社会服务业有增值税，建筑业和服务业的其他行业的增值税均为0。餐饮业是征收营业税而不增收增值税，同时在该时期服务行业只有营业税在"全国营业税分项目分企业类型收入情况表"中有更加细分的行业税收数据，所以我

们将批发和零售贸易及餐饮业的增值税全部作为批发和零售业的增值税处理,住宿和餐饮业的营业税利用餐饮业和旅馆业的营业税相加得到,批发和零售业的营业税等于批发和零售贸易及餐饮业的营业税减去餐饮业的营业税,批发和零售贸易及餐饮业的其他间接税一方面没有更加细分的行业信息来拆分,另一方面这些间接税相对增值税和营业税比例非常小,故而我们将其全部作为批发和零售业的税收,从而形成了批发和零售业、住宿和餐饮业的生产税。

根据表5.2,交通运输、仓储及邮政业=交通运输、仓储及邮电通信业+社会服务中公共交通-电信业,其中邮电通信业的营业税信息有给出,我们依据2002年官方投入产出表中邮政业与信息传输服务业的生产税净额比例来分解邮电通信业的营业税,从而得到电信业和邮政业的营业税。交通运输、仓储及邮电通信业的其他间接税都作为交通运输、仓储及邮政业的税收,从而计算出交通运输、仓储及邮政业的生产税。我们计算信息传输、计算机服务和软件业的营业税采用如下公式:信息传输、计算机服务和软件业的营业税=电信业营业税×(2003年电信业的营业税/2003年信息传输、计算机服务和软件业的营业税),最后将信息传输、计算机服务和软件业的生产税等于营业税。

根据表5.2并结合数据的可得性,租赁和商业服务业生产税=租赁和商业服务业营业税=租赁服务业营业税+旅游业营业税+广告业营业税+转让经济权益营业税+其他服务营业税;文化、体育和娱乐业生产税=文化、体育和娱乐业营业税=文化体育业营业税+娱乐业营业税。

对于1980—1999年,由于缺乏分行业税收数据,所以本书采用相关指标来进行推算,对于上述提到的1999年之后部分年份缺乏数据的行业也采用此种处理方法。因为建筑业和服务业的主要间接税是营业税,所以本书首先计算出各行业的营业税,然后基于一定的假设,从营业税推算生产税。营业税从1984年开始征收,在1984年之前被包含在工商税中,1994年增值税改革后,营业税主要对劳务或无形资产转让以及不动产销售征收。主要覆盖交通运输业(税率3%)、建筑业(税率3%)、金融保险业(税率5%)、邮电通信业(税率3%)、文化体育业(税率3%)、娱乐业(税率5%~20%)、服务业(税率5%)、转让无形资产(税率5%)和销售不动产(税率5%)共9个税目,覆盖第三产业大部分行业。批发和零售业在1994年之前缴纳营业税,1994年之后改为增值税,但是由于增值税税率不确定,所以本书对1980—1999年的批发和零售业也采用营业税来推算生产税,营业税率采用服务业的5%。下面分行业来介绍1980—1999年的建筑业和服务业的生产税推算。

对于建筑业,本书假定生产税增长率=营业税增长率,以2000年建筑业的生产税为基期生产税,通过营业税增长率反推出生产税。其中,营业税=3%×总产值,建筑业总产值来自《中国统计年鉴》,1980—1987年的建筑业总产值=全民所有制建筑业企业总产值+城镇集体所有制建筑业企业总产值。

对于房地产业,本书假定生产税增长率=营业税增长率,以2000年房地产业的生产税为基期生产税,通过营业税增长率反推出生产税。其中,营业税=3%×总产值,房地产业总产值=官方房地产业增加值÷CIP中房地产业增加值率,官方房地产业增加值来自《中国统计年鉴》,CIP中房地产业增加值率来自CIP数据集。

对于交通、运输与邮政业,本书假定生产税增长率=营业税增长率,以2000年交通、运输与邮政业的生产税为基期生产税,通过营业税增长率反推出生产税。其中,营业税=3%×总产值,交通、运输与邮政业总产值=官方交通、运输与邮电业增加值÷CIP中交通、运输与邮政业增加值率−电信业总量,官方交通、运输与邮电业增加值、电信业务量来自《中国统计年鉴》,CIP中交通、运输与邮政业增加值率来自CIP数据集。

对于信息传输、计算机服务和软件业,本书假定生产税增长率=营业税增长率,以2000年信息传输、计算机服务和软件业的生产税为基期生产税,通过营业税增长率反推出生产税。其中,营业税=3%×总产值,本书假定信息传输、计算机服务和软件业总产值=电信业务量,因为2000年之前IT产业在我国基本没有起步,1991—1999年的电信业务量来自《中国统计年鉴》,1991之前用长途电话业务的增长率来代替电信业务量增长率估算电信业务量，其中 1981—1984 年长途电话业务次数采用插值法估算。

对于批发零售业，本书假定生产税增长率＝营业税增长率，以 2000 年批发零售业的生产税为基期生产税，通过营业税增长率反推出生产税。其中，营业税＝5%×总产值，批发零售业总产值＝官方批发零售业增加值÷CIP 中批发零售业增加值率，官方批发零售业增加值来自《中国统计年鉴》，CIP 中批发零售业增加值率来自 CIP 数据集。

对于住宿和餐饮业，本书假定生产税增长率＝营业税增长率，以 2000 年批发零售业的生产税为基期生产税，通过营业税增长率反推出生产税。其中，营业税＝营业税率×总产值，由于住宿和餐饮业并没有明确的营业税率，所以本书采用的营业税率＝2000 年的住宿和餐饮业营业税÷2000 年的住宿和餐饮业总产值，住宿和餐饮业总产值＝官方住宿和餐饮业增加值÷CIP 中住宿和餐饮业增加值率，官方住宿和餐饮业增加值来自《中国统计年鉴》，CIP 中住宿和餐饮业增加值率来自 CIP 数据集。

对于金融业，本书假定生产税增长率＝营业税增长率，以 2000 年金融业的生产税为基期生产税，通过营业税增长率反推出生产税。其中，营业税＝5%×总产值，金融业总产值＝官方金融业增加值÷CIP 中金融业增加值率，官方金融业增加值来自《中国统计年鉴》，CIP 中金融业增加值率来自 CIP 数据集。

对于租赁、科学、技术和商务服务业，具体细分为两个子行业，即租赁和商务服务业，科学研究、技术服务和地质勘查业。对于租赁和商务服务业缺乏的是 1980—1999 年的生产税，本书假定生产税增长率＝增加值增长率，以 2000 年租赁和商务服务业的生产税为基期生产税，通过增加值增长率反推出生产税。对于科学研究、技术服务和地质勘查业缺乏的是 1980—2011 年的生产税，本书假定生产税增长率＝增加值增长率，以 2012 年科学研究、技术服务和地质勘查业①的生产税为基期生产税，通过增加

---

① 2012—2014 年采用 2011 年行业标准，"科学研究、技术服务和地质勘查业"更名为"科学研究和技术服务业"，但内容实质上是一样的。

值增长率反推出生产税。其中，2004—2012 年两个子行业的增加值均来自《中国统计年鉴》分行业增加值的原始数据，2004 年以前的行业及子行业增加值通过如下方法估算：假定租赁、科学、技术和商务服务业增加值增长率＝CIP 中租赁、科学、技术和商务服务业增加值增长率，以 2004 年租赁、科学、技术和商务服务业的增加值为基期增加值，通过 CIP 中该行业的增加值增长率反推出 2004 年以前的行业增加值，对于子行业的分解则采用 2004—2012 年行业结构的平均值。

对于教育业和卫生、社会保障和社会福利业缺乏的是 1980—2006 年的生产税，本书假定生产税增长率＝营业税增长率，以 2007 年本行业的生产税为基期生产税，通过营业税增长率反推出生产税。其中，营业税＝增加值×(2007 年的营业税/2007 年的增加值)，《中国统计年鉴》给出了 2004 年及其后年份这两个行业的增加值，对于 2004 年以前这两个行业的增加值，本书假定本行业增加值增长率＝CIP 中本行业增加值增长率，以 2004 年本行业的增加值为基期增加值，通过 CIP 中该行业的增加值增长率反推出 2004 年以前的行业增加值。

对于公共管理与国防，具体细分为两个子行业，即水利、环境和公共设施管理业，公共管理和社会组织。对于水利、环境和公共设施管理业在 1980—2014 年的生产税均缺乏，对于公共管理和社会组织则缺乏 1980—2007 年的生产税。2008—2011 年水利、环境和公共设施管理业的生产税＝同年度公共管理和社会组织的生产税×(同年度水利、环境和公共设施管理业的增加值÷同年度公共管理和社会组织的增加值)，由于 2012—2014 年采用的是 2011 年行业标准，"公共管理和社会组织"变成了"公共管理、社会保障和社会组织"，行业的口径范围发生了变化，从而增加值就不具有可比性了，所以本书不采用行业增加值的比例来推算 2012—2014 年水利、环境和公共设施管理业的生产税，而直接采用 2011 年这两个子行业的生产税比例来作为后面年份这两个子行业的生产税比例，从而计算 2012—2014 年水利、环境和公共设施管理业的生产税。对于 1980—2007 年这两个子行业的生产税，本书假定生产税增长率＝营业税增长率，以 2008 年本行业的生产税为基期生产税，通过营业税增长率反推出生产税。其中，本行业营业税=本行业增加值×(2008年公共管理和社会组织的营业税÷2008年公共管理和社会组织的增加值)，2004—2011年这两个子行业的增加值直接取自《中国统计年鉴》，2004年以前的公共管理与国防及其子行业增加值通过如下方法估算：假定公共管理与国防增加值增长率=CIP中公共管理与国防增加值增长率，以2004年公共管理与国防的增加值为基期增加值，通过CIP中该行业的增加值增长率反推出2004年以前的行业增加值，对于子行业的分解则采用2004—2011年行业结构的平均值。

对于其他服务业，具体细分为两个子行业，即居民服务和其他服务业，文化、体育和娱乐业。对于居民服务和其他服务业缺乏1980—2006年的生产税，对于文化、体育和娱乐业则缺乏1980—1999年的生产税。对于这两个子行业，本书均假定生产税增长率=营业税增长率，居民服务和其他服务业以2007年的生产税为基期生产税，文化、体育和娱乐业以2000年的生产税为基期生产税，通过营业税增长率反推出生产税。其中，2000—2006年居民服务和其他服务业的营业税=同年度文化、体育和娱乐业的营业税×(同年度居民服务和其他服务业的增加值÷同年度文化、体育和娱乐业的增加值)，1980—1999年两个子行业的营业税=本行业增加值×(2004年文化、体育和娱乐业的营业税÷2004年文化、体育和娱乐业的增加值)，对于2004—2011年这两个子行业的增加值均取自《中国统计年鉴》，2004年以前的其他服务业及其子行业增加值通过如下方法估算：假定其他服务业增加值增长率=CIP中其他服务业增加值增长率，以2004年其他服务业的增加值为基期增加值，通过CIP中该行业的增加值增长率反推出2004年以前的行业增加值，对于子行业的分解则采用2004—2011年行业结构的平均值。

第四节 行业生产税负担

本书在分析行业生产税负担时，借鉴宏观税收负担的概念，宏观税收负担是指税收与国民经济总量之间的关系，一般通过一定时期政府税收收入占同期 GDP(GNP)的比重来反映，它最能说明一个经济体的税收负担高低(郭庆旺和吕冰洋，2010)。本书在行业层面采用行业生产税收入占同期行业增加值的比重来反映行业生产税负担。

如图 5.1 所示，从总体经济来看，1980—1997 年，宏观生产税负担呈现小幅下降趋势，从 1980 年的 12.3% 下降到 1997 年的 8.2%，而 1997—2014 年，宏观生产税负担呈现较快上升趋势，从 1997 年的 8.2% 上升到 2014 年的 17.4%。进一步我们分别对八个行业组别来观察其生产税负担的变化情况，总体来看，工业部门的生产税负担高于其他行业部门。能源行业的生产税负担从 1985 年之后一直高于其他各行业，1994 年我国税制改革之后，其领先其他行业的趋势就更加明显，而 2008 年国际金融危机之后，生产税负担更是大幅上升从而与其他行业的差距越来越大。如图 5.2 所示，石油加工、炼焦和核燃料加工业的生产税负担是能源行业中最高的，1980—2014 年的平均税收负担为 40%，国际金融危机之后更是达到了 57%。煤炭开采和洗选业、石油和天然气开采业这两个行业的生产税负担保持平稳较快上升的趋势，煤炭开采和洗选业的生产税负担从 1980 年的

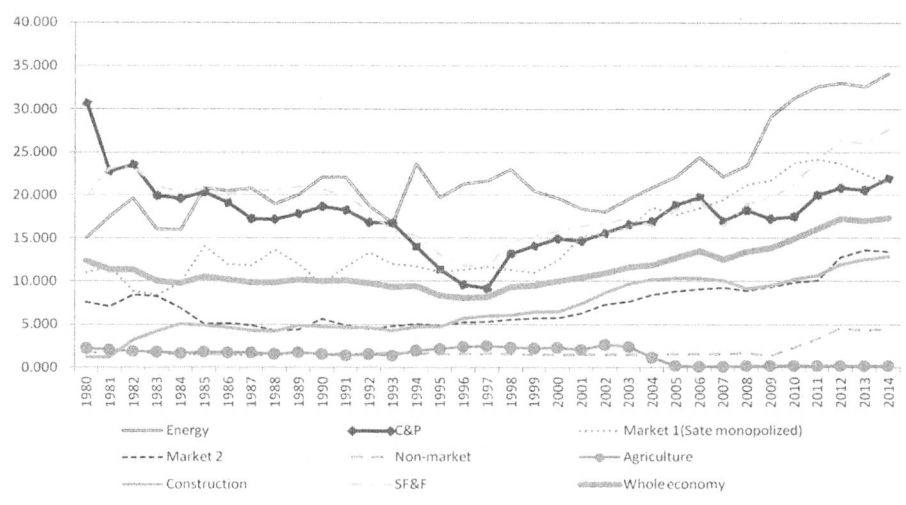

图 5.1　生产税税收负担(%，1980—2014)

10.5%上涨到2014年的26.8%；石油和天然气开采业的生产税负担从1980年的7.2%上涨到2014年的38%，尤其是国际金融危机之后上涨迅猛。电力、热力、燃气及水生产和供应业的生产税负担保持平稳，平均负担为22.1%。

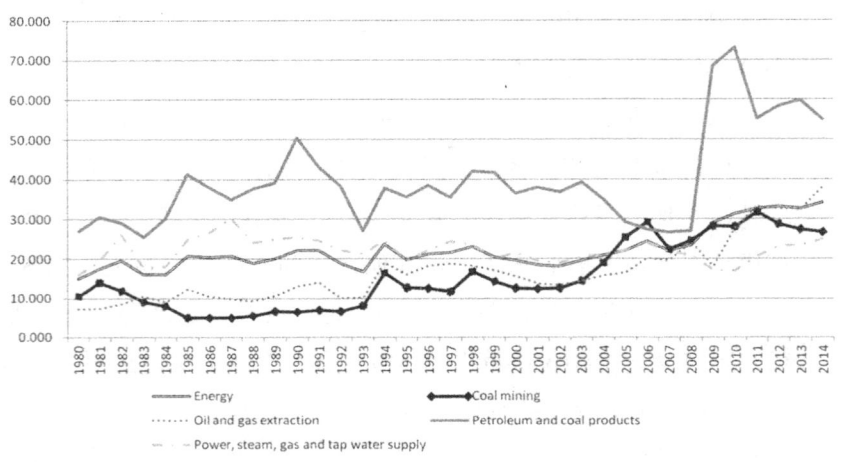

图5.2　能源行业生产税税收负担(%，1980—2014)

如图5.1所示，基础材料工业和成品及半成品制造业的生产税负担在1980—2014年很接近，而且变化趋势基本一致，1980—1997年，行业生产税负担呈现快速下降趋势，基础材料工业从1980年的30.1%下降到1997年的9.2%，成品及半成品制造业从1980年的19.9%下降到1997年的11.6%，而1997—2014年，行业生产税负担呈现快速上升趋势，基础材料工业从1997年的9.2%上升到2014年的22%，成品及半成品制造业从1997年的11.6%上升到2014年的27.7%。从工业的情况来看，处于产业链最上游的能源行业生产税负担明显高于处于产业链中下游的产业，并且工业部门的生产税负担从1998年开始处于上升通道，国际金融危机之后，上升的趋势更为迅猛。

如图5.1所示，服务业部门内不同类型的服务业行业在生产税负担上差异性很大，国有垄断服务业的生产税负担要明显高于其他市场服务业，其他市场服务业的生产税负担要明显高于非市场性服务业。国有垄断服务业在1980—1997年生产税负担呈现平稳波动，1980年为10.9%，经历了几次小的上下起伏到1997年仍为11.6%，而1997—2014年，生产税负担呈现快速上升趋势，从1997年的11.6%上升到2014年的21.5%，其中2011年更是达到24.2%的高点。其他市场服务业的生产税负担与整个经济呈现相似的变动趋势，1980—1997年，生产税负担呈现小幅下降趋势，从1980年的7.5%下降到1997年的5.3%，而1997—2014年，生产税负担呈现较快上升趋势，从1997年的5.3%上升到2014年的13.5%。非市场性服务业的生产税负担一直保持较低的水平，国际金融危机之前基本维持在1.5%左右的水平，国际金融危机之后开始出现小幅上涨，2014年达到最高的4.5%。

如图5.1所示，建筑业的生产税负担与其他市场服务业比较接近，但是变化趋势不太一致，在1980—2014年，建筑业的生产税负担呈现持续上升趋势，从1980年的1.2%上升到2014年的12.8%。农、林、牧、渔业的生产税负担在2004年开始农业税改革之前一直维持稳定较低的水平，平均负担约为1.8%，随着2004年的农业税改革开始下降，到2006年全面取消农业税之后，基本不存在什么税收负担，因烟叶税导致的生产税负担平均约为0.2%。

为了更加细致地考察37个具体行业的生产税负担，本书将这些行业在1980—2014年的平均生产税负担进行了比较，如图5.3所示，其中水平线为整个经济平均的生产税负担11.5%。总体来看，各行业的生产税负担差异很大，工业部门普遍高于平均水平，其中烟草制品业，仪器仪表及文化、办公用机械制造业，石油加工、炼焦和核燃料加工业等行业的生产税负担排前三名，分别为85.3%、56%和39.8%。而工业中生产税负担最低的为交通运输设备制造业，平均仅为2.4%。服务业中生产税负担高于整个经济平均生产税负担的行业有：交通运输、仓储和邮政业，信息传输、软件和信息技术服务业，租赁、科学、技术和商务服务业，分别为24%、13.6%和16.4%。非市场性服务业所属的三个行业也是服务业中生产税负担最低的行业，其中公共管理与国防为3.9%，教育为0.2%，卫生和社会工作为0.1%。

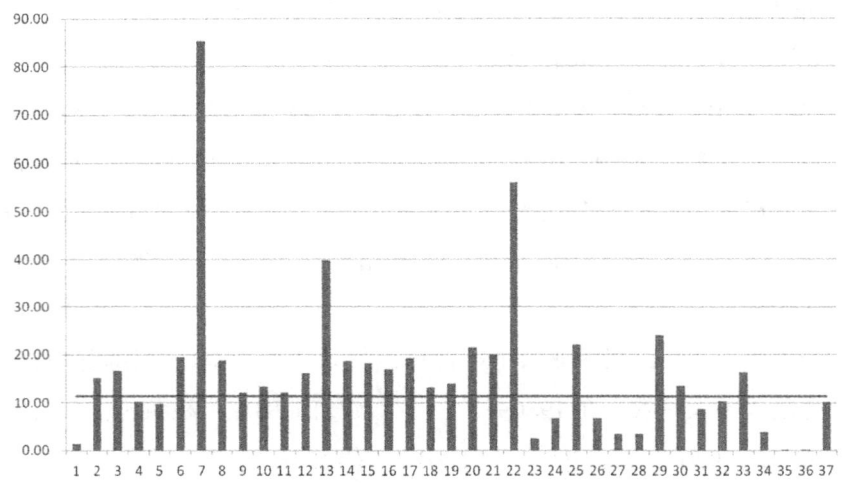

图5.3　行业平均生产税税收负担(%，1980—2014)

根据之前八个组别行业部门的生产税负担分析，我们发现1997年往往是很多部门生产税变化趋势的转折点，进而本书以1997年为界，将样本分成两个阶段来进行对比分析，如图5.4所示。我们看到对于大部分的行业来说，1997—2014年的生产税负担要高于1980—1997年的生产税负担，这与分组别分析的生产税负担结果一致，1997年之后大部分行业的生产税负担开始出现较快上涨，其中上涨幅度较大的行业有：煤炭开采和洗选业，石油和天然气开采业，金属矿采选业，非金属矿采选业，石油加工、炼焦和核燃料加工业，电气设备制造业，仪器仪表及文化、办公用机械制造业，建筑业，交通运输，仓储和邮政业，房地产业，主要是能源工业、重工业、基础设施建设和房地产相关的行业。

第四节 行业生产税负担

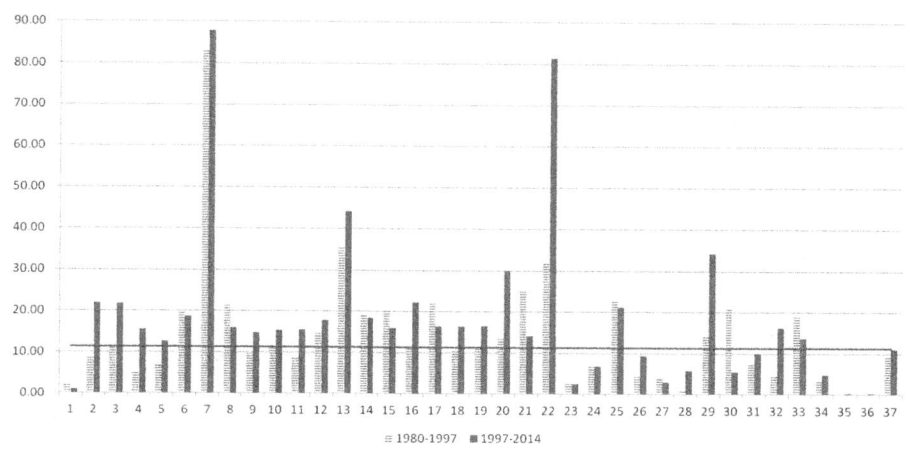

图 5.4　行业平均生产税税收负担(%, 1980—1997&1997—2014)

自 20 世纪 90 年代末以来，我国总体经济的宏观税负持续走高，工业和服务业主要行业的生产税负担呈现快速上升趋势，这一方面与我国间接税制的设计有关，在我国间接税的税制设计中，强调对投资行为的征税，在 2009 年之前实行的生产型增值税，2009 年为配合积极财政政策的实行，转型为消费型增值税(郭庆旺和吕冰洋，2010)，生产型增值税对固定资产投资进项税不能抵扣，营业税对建筑业、房地产业按营业收入计征 3% 和 5%，也存在对投资重复征税的问题，这样，间接税中很大一部分税收收入与投资规模挂钩，并且这种重复征税的机制使得税收增长速度要高于 GDP 增长速度(吕冰洋和郭庆旺，2011)。另一方面也与我国人口红利、投资驱动的发展战略以及城镇化的快速推进有直接联系(吕冰洋和禹奎，2009)。我国从 20 世纪 90 年代初期开始进入人口红利时期，劳动人口在总人口中出现较高比例，从而带来了高储蓄率，使得"高储蓄—高投资—高增长"的增长过程得以持续，这促使与投资关系密切的税收迅速增长，所以我们能够看到我国总体经济的宏观税负从 90 年代末出现持续增长。另外，随着改革开放头十年改革红利的释放，经济得到了飞速的发展，国家积累了大量的财富,从90年代末开始我国加速推动投资驱动的发展战略,尤其是21世纪初,各地更是纷纷上马大型"重化工业"项目,使得能源、采矿、石油化工、机械制造等重工业行业的投资快速上升,从而也使得这些行业的增值税出现大幅提升,通过对行业的生产税负担与行业的资本产出比(K/Y)进行相关分析,发现二者呈现显著的正相关关系[1]。在投资驱动快速推进的同时,我国城镇化进程也开始提速,1980年全国有223座城市,其中人口超过100万的城市只有15座,但是到了2004年,全国共有661座城市,其中人口规模超过100万的城市有174座。城镇化的推进需要大量的基础设施和商品房投资,推动了建筑业、房地产业、交通运输、仓储和邮政业等行业的繁荣发展,其中随着1998年住房体制改革的全面展开,房地产开发投资呈现高速增长,2000—2013年平均增速为24.3%(许宪春等,2015),这些行业的高速发展进而带来了营业税的迅猛增长。

从2008年国际金融危机以来,我国各主要工业、建筑业和服务业领域的生产税负担的提升幅度更加突出,如图5.5所示。尽管国际金融危机之后,GDP的增速已经出现了明显地下滑,2012年开始更是换挡为"中高速"增长的新常态时期,但是我国总体经济的生产税名义税收增长率却依然维持高位增长的态势,甚至在2011年和2012年出现了生产税负担出现上升趋势以来的最高增速。国际金融危机之后,我国以往靠投资驱动和出口导向为特征的经济增长模式面临了巨大的挑战,外需的疲软和劳动力成本的上升使得经济增长乏力,而生产税的持续高位增长就使得实体经济感受到了"企业税负高"的沉重压力。其中,2011年和2012年出现的生产税高增速,与"四万亿"刺激政策带来的基础设施投资和房地产投资大幅上升有关,并且基础设施投资和房地产开发投资的行业拉动作用强,拉动水泥、玻璃、钢铁、化工、五金、家电、家居用品、家具等工业行业和交通运输、批发零售、金融等服务业行业的投资和增加值提升,从而提升了整

---

[1] 相关系数为0.07,显著性水平为0.016。

个经济的生产税①。但政策刺激计划对投资和增长的拉动效果是短期的，随着经济进入"中高速"运行的新常态阶段，生产税的增长率也大幅下降。

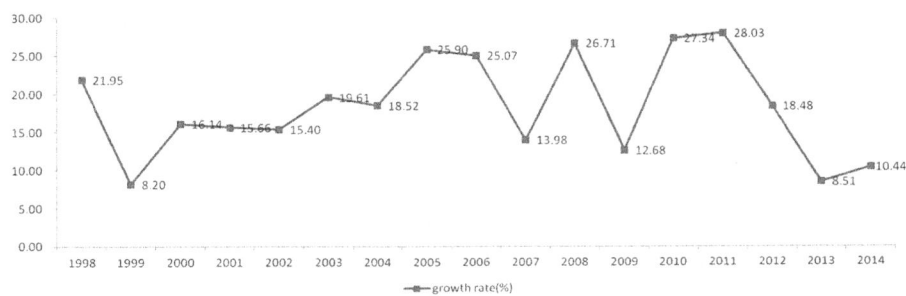

图 5.5　总体经济生产税名义税收增长率(%，1998—2014)

第五节　生产税负担对资源再配置效率影响的制度解释

税收是政府非常重要的一个政策工具，本书结合一些重要的制度变量来考察其对资源再配置的影响。首先，我们选择总体再配置效率(RE)以及它的两个构成资本再配置效率(RE(K))和劳动再配置效率(RE(L))作为被解释变量，用来刻画资源跨行业再配置的动态变化。我们选择构建覆盖 37 个 CIP 行业和跨越 1981—2010 年的面板数据来进行回归检验。因为配置效率是增长率的概念，所以我们选择的 CIP 数据集的起始年度为 1981 年，由于解释变量的构建并没有包含 2011—2012 年，故我们构建的面板数据跨越的年度为 1981—2010 年。

生产税负担是反映政府对经济活动干预和影响的重要指标，在中国过去 40 多年的发展历程中，政府对资源配置的干预是非常普遍的。尽管有研

---

①　2009 年生产型增值税改为消费型增值税，只是允许设备投资的进项税款抵扣政策实施，建筑投资依然存在重复征税问题，由于建筑投资主要缴纳营业税，所以不允许建筑投资抵扣进项税形成的重复征税机制体现在增值税和营业税之间。

究指出政府干预提升了经济的增长率(Li and Zhou, 2005),但是也造成了严重的资源错配(Huang, 2012; Wu et al., 2015b; Wu, 2016; Xu, 2011)。税收收入是激励政府干预的主要动机之一,所以本书采用税收负担,即行业生产税占增加值的比重,来分析政府干预对资源再配置的影响,我们预期税收负担对资源配置效率有负向影响。

其次,我们考虑的解释变量是反映所有制效果的变量。一些研究指出,尽管国有企业比非国有企业的效率低,但在获取资源方面优势很明显,尤其是在金融市场上对信贷的获取比非国有企业要容易很多(Hsieh and Klenow, 2009; Brandt et al., 2013)。本书采用国有企业比重(SOE),即国有企业就业人数占行业总就业人数的比重,来分析所有制中的国有份额对资源再配置的影响,我们预期国有企业比重对资源配置效率有负向影响。

再次,我们考虑的解释变量是反映出口导向政策对资源再配置影响效果的变量。一方面,根据经典的理论,出口能够通过选择效应和竞争效应来提升企业的生产率表现(Melitz, 2003);另一方面,地方政府出于鼓励出口的目的而进行的各种形式的补贴往往会造成资源的错配。本书采用出口比重(EXP),即行业出口额占行业总产出的比重,来分析出口导向政策对资源再配置的影响。回归系数的符号取决于上述两种机制哪种起主导作用。

以上假说的提出基于的文献基本是针对工业部门的,而工业部门与非工业部门的特征往往差别较大。为了检验不同的产业部门之间制度变量的影响模式是否不同,本书引入了非工业部门的虚拟变量(NOI),如果行业不属于工业部门,则变量值等于1。在回归模型中,本书构建了主要解释变量与非工业部门虚拟变量的交叉项:SOE_NOI, EXP_NOI 和 TAX_NOI。另外,本书采用滞后一期的解释变量,因为被解释变量都是衡量的当年相对于上一年的变动率。最后,本书引入了截面(行业)固定效应和时间趋势项,用来控制不随时间变化的行业异质因素的影响以及宏观经济周期波动和发生在各年度无法详细列举的其他事件所产生的综合影响。从而,本书的基准回归模型如模型(5.1)所示,其中被解释变量 Y 包括总体再配置效率(RE)、资本再配置效率(RE(K))和劳动再配置效率(RE(L))。

$$Y_{i,t} = \beta_0 + \beta_1 \text{SOE}_{i,t-1} + \beta_2 \text{EXP}_{i,t-1} + \beta_3 \text{TAX}_{i,t-1} + \beta_4 \text{SOE\_NOI}_{i,t-1}$$
$$+ \beta_5 \text{EXP\_NOI}_{i,t-1} + \beta_6 \text{TAX\_NOI}_{i,t-1} + \beta_7 t + \theta_i + \varepsilon_{i,t} \quad (5\text{-}1)$$

为了进一步考察重大改革事件的影响,例如"加入WTO""抓大放小"国有企业改革等,本书引入了两个虚拟变量来代表这些改革事件。其中,变量 WTO 代表中国加入 WTO,如果年度为 2002—2007 年则等于1,这是中国加入 WTO 到国际金融危机爆发的时期,其余年度则等于0;变量 Y1999 代表中国开始"抓大放小"的国企改革,如果年度为1999年以后则等于1,否则等于0。之所以选择1999年,是因为在1999年9月,中共中央十五届四中全会通过了《中共中央关于国有企业改革和发展若干重大问题的决定》,正式提出要积极发展大型企业和企业集团,放开搞活中小企业的决策,即"抓大放小"国有企业改革(Hsieh and Song, 2015)。本书引入出口比重(EXP)和 WTO 的交叉项 EXP_WTO 来分析出口导向政策对资源再配置的影响在中国加入 WTO 前后是否有显著变化,同时,引入国有企业比重(SOE)和 Y1999 的交叉项 SOE_Y1999 来分析所有制中的国有份额对资源再配置的影响在"抓大放小"国企改革实施前后是否有显著变化。类似其他解释变量,这些新的解释变量也采用滞后一期的形式,从而形成了模型(5-2)。

$$Y_{i,t} = \beta_0 + \beta_1 \text{SOE}_{i,t-1} + \beta_2 \text{EXP}_{i,t-1} + \beta_3 \text{TAX}_{i,t-1} + \beta_4 \text{SOE\_NOI}_{i,t-1}$$
$$+ \beta_5 \text{EXP\_NOI}_{i,t-1} + \beta_6 \text{TAX\_NOI}_{i,t-1} + \beta_7 \text{SOE\_Y1999}_{i,t-1}$$
$$+ \beta_8 \text{EXP\_WTO}_{i,t-1} + \beta_9 t + \theta_i + \varepsilon_{i,t} \quad (5\text{-}2)$$

对模型(5-1)和模型(5-2)回归的结果见表5.3,而且在相同的解释变量上两个模型的结果基本一致。对于工业部门来说,国企比重对总体再配置效率的影响显著为负,这与很多研究的结论是一致的(Brandt et al., 2013; Hsieh and Klenow, 2009)。当进一步考察国企比重对资本再配置效率和劳动再配置效率的影响时,我们发现国企比重对资本再配置效率的影响也显著为负。许多聚焦中国工业部门的研究(Dollar and Wei, 2007; Hsieh and Klenow,2009)都指出,尽管经过了 30 多年的发展与改革,国有企业持有资本依然保持更低的资本回报率,但是获取资本却更容易且成本更低,所以我们能够观察到国企比重越高的行业,其资本再配置效率越低。刚好相反,我们发现国企比重对劳动再配置效率的影响却显著为正。这是由于伴随持续的国企改革,国有企业的就业规模在不断下降(杨汝岱,2015),同时,国企的劳动生产率也在快速收敛于民营企业(Hsieh and Song,2015),所以,我们看到了国企比重对劳动再配置效率呈现正向影响。

表 5.3 回归结果

Dependent Variable:	Model1 RE	Model1 RE(K)	Model1 RE(L)	Model2 RE	Model2 RE(K)	Model2 RE(L)
SOE(-1)	-0.0631*** (0.00587)	-0.0920*** (0.00507)	0.0688*** (0.00413)	-0.0495*** (0.00467)	-0.0906*** (0.00531)	0.0534*** (0.00347)
EXP(-1)	-0.00280*** (0.000965)	-0.00481*** (0.00112)	-0.00209 (0.00399)	-0.00833*** (0.00181)	-0.00672*** (0.00126)	-0.00277*** (0.000732)
TAX(-1)	-0.0160*** (0.00147)	-0.0110*** (0.00179)	-0.00428 (0.00615)	-0.0220*** (0.00269)	-0.0122*** (0.00191)	-0.00885*** (0.00112)
SOE_NOI(-1)	0.357*** (0.0124)	0.216*** (0.00700)	0.213*** (0.0120)	0.367*** (0.0150)	0.211*** (0.00724)	0.182*** (0.00709)
EXP_NOI(-1)	0.144*** (0.0276)	0.0880*** (0.0111)	0.0982*** (0.0158)	0.149*** (0.0199)	0.0886*** (0.0111)	0.0875*** (0.0143)
TAX_NOI(-1)	0.245*** (0.0197)	0.0445*** (0.0141)	0.282*** (0.0178)	0.248*** (0.0271)	0.0443*** (0.0143)	0.261*** (0.0194)
SOE_Y1999(-1)				0.115*** (0.00624)	0.00363 (0.00286)	0.120*** (0.00366)
EXP_WTO(-1)				0.0337*** (0.00257)	0.00746*** (0.00179)	0.0245*** (0.000908)

续表

Dependent Variable:	Model1 RE	Model1 RE(K)	Model1 RE(L)	Model2 RE	Model2 RE(K)	Model2 RE(L)
t	0.000121 (0.000136)	−0.00133*** (0.000113)	0.00224*** (0.000142)	−0.000833*** (0.000108)	−0.00138*** (0.000117)	0.000820*** (0.0000799)
Fixed effect	yes	yes	yes	yes	yes	yes
Observations	1073	1073	1073	1073	1073	1073

注：所有的模型都是采用 GLS 来估计的，考虑了组间相关与组内的自相关，回归通过引入行业虚拟变量来控制行业固定效应，因变量的单位是百分比。括号中的是稳健标准误，***表示在1%的水平上显著异于0，**表示在5%的水平上显著异于0，*表示在10%的水平上显著异于0。

但是，令人困惑的是，对于非工业部门来说，国企比重对总体再配置效率、资本再配置效率和劳动再配置效率都呈现正向影响。当我们把非工业部门分解为农、林、牧、渔业，建筑业和服务业这三类时，发现这种正向影响主要是在服务业部门产生的[①]。但我们将服务业部门的结构考虑进来，就会发现这种正向影响有其合理性。服务业部分往往分为生产性服务业（Stanback et al., 1981; Marshall et al., 1987; Gruble and Walker, 1989; Coffey, 2000）和消费性服务业。生产性服务业部门涵盖了金融业，信息传输、软件和信息技术服务业以及租赁、科学、技术和商务服务业等行业。Wolff（2007）通过对美国 1960—2000 年 43 个行业部门的研究，发现生产性服务业生产率增长是与工业一致的，而消费性服务业则出现生产率停滞。同时，也有不少研究指出中国的生产性服务业的生产率要高于消费性服务业（Wu, 2014；崔敏和魏修建，2015；谭洪波和郑江淮，2012）。在中国，生产性服务业往往由规模庞大的国有企业所主导，而消费性服务业往往是由

---

① 本书进一步引入农、林、牧、渔业（AGR），建筑业（CON）和服务业（SER）的虚拟变量，以工业为基准，从而考察了不同非工业部门之间制度变量对资源再配置影响的模式是否存在差异。如果读者有兴趣，可以向作者索要。

众多分散化的中小型企业所运营,这可能就是我们发现在非工业部门国企比重对资本和劳动再配置效率都存在正向影响的原因。但我们并不能由此推论,国有企业占比高能提升非工业部门的资源再配置效率,因为这反映的不过是垄断市场性服务业部门由于存在中小企业进入壁垒而出现的结果而已。

对于工业部门来说,出口比重对总体再配置效率的影响显著为负,我们认为有两方面的原因。一方面,在工业部门存在出口企业生产率低于非出口企业的"出口-生产率悖论",故而随着行业出口规模的上升,行业间的资源错配会更加严重。另一方面,地方政府为鼓励出口而对出口企业给予补贴也会造成资源错配(周世民等,2014),往往政府补贴会更加倾向于企业投资,从而导致了资本再配置效率的负向效果要强于劳动再配置效率的负向效果。而对于非工业部门来说,出口比重对资源再配置的影响显著为正,这与经典理论的预测一致(Melitz, 2003)。

对于工业部门来说,税收负担对总体再配置效率的影响显著为负。地方政府官员的晋升往往与地方的经济绩效直接挂钩(Li and Zhou, 2005),在"晋升锦标赛"模式的激励下,地方政府会为了提升 GDP 表现或者税收收入而对不同行业采取不同的干预或补贴措施。过去的 30 多年尽管政府干预对中国经济的增长起到了很大的作用(Xu, 2011),同时干预造成了严重的资源错配从而导致经济增长的低效率(Wu et al., 2015b),这就是为什么我们发现税收负担对总体再配置效率呈现负向影响的原因。政府干预企业更多的是通过信贷市场来影响企业信贷获取的成本,从而反映出税收负担对资本再配置效率的负向影响要强于劳动再配置效率。

对于非工业部门来说,税收负担对总体再配置效率、资本再配置效率和劳动再配置效率都呈现正向影响。当我们把非工业部门分解为农、林、牧、渔业,建筑业和服务业这三类时,发现这种正向影响主要是在农、林、牧、渔业和服务业部门产生的。对于农、林、牧、渔业,在市场化改革之前中国存在着长时期的压制农业发展来支持工业发展的历史,从而导致了严重的城乡二元结构,即工农业劳动力工资存在很大的差距。随着市场经济改革和户籍制度改革的不断深入,农村过剩劳动力大量转移到非农业部门,这大大提升了农业部门的资源配置效率。当农业税较高的时候,工农业劳动力工资之间的差异会加大,从而加速农村过剩劳动力的转移。伴随着农业税的取消,对农业部门的补贴也在增加,补贴虽然增加了农民的收入但是并没有提升农业的生产率,反而减缓了农村过剩劳动力的转移,从而导致农业部门资源配置效率下降。对于服务业部门,我们发现生产性服务业部门的生产税比重要高于消费性服务业部门,而上述部分也说明了生产性服务业部门的生产率要高于消费性服务业部门,从而税收负担对服务业部门的资源配置效率呈现正向影响也就合理了。

时间趋势对资本再配置效率的影响显著为负,而对劳动再配置效率的影响却显著为正。之所以时间趋势对资本再配置效率的影响为负,是因为政府的一系列政策严重扭曲了资本的有效配置,如20世纪90年代开始政府加强了国有企业的作用,以及在国际金融危机之后出台了4万亿的财政刺激计划。与之相对的是,过去40多年的改革在很大程度上消除了阻碍劳动力自由流动的制度障碍,同时"对外开放"政策促进了劳动密集型出口企业的快速发展,充分吸收了从农村转移出来的过剩劳动力,发挥了我国劳动力成本低廉的比较优势,从而表现出时间趋势对劳动再配置效率的影响显著为正。

相比于基准模型(5-1),我们从第4列至第6列来考察模型(5-2)的回归结果。我们发现出口比重与 *WTO* 的交叉项对总配置效率、资本再配置效率和劳动再配置效率的影响都是显著为正的,这意味着加入WTO使得出口比重的提升更加有利于资源配置效率的提升,这是因为加入WTO使得企业更加贴近国际市场,激烈的竞争提升了资源的再配置效率。加入出口比重与 *WTO* 的交叉项之后,原来在工业部门内出口比重对资源配置效率的负向影响变得更强了,这也反映了中国"加入WTO"带来的改善资源配置的效果。同时,我们发现国有企业比重与 *Y*1999 的交叉项对总配置效率、资本再配置效率和劳动再配置效率的影响都是显著为正的,这说明国有企业改革确实改善了国企比重对资源再配置的影响效果,因为"抓大放小"的国企改革提升了国企的效率从而提升了经济的资源再配置效率,本书关于国企改革的结果与 Hsieh 和 Song(2015)以及杨汝岱(2015)关于国企 TFP 表现的结论是一致的,但是本书的结论一方面更具有普适性,因为我们不仅局限于工业部门,另一方面分析也更加深入,因为我们进一步探讨了对资本再配置效率和劳动再配置效率的影响。

为了检验以上结论的稳健性,我们将资本再配置效率与劳动再配置效率彼此作为对方的解释变量,从而对模型(5-1)和(5-2)中的资本再配置效率回归方程和劳动再配置效率回归方程进行了拓展。之所以做这样的拓展,是因为 Jorgenson 等(2005)在对 1977—2000 年的美国经济进行实证研究时,发现资本再配置效率与劳动再配置效率往往朝相反的方向移动。具体的回归结果见表 5.4,其中模型(5-3)是模型(5-1)的拓展,模型(5-4)是模型(5-2)的拓展。

表 5.4 稳健性检验

Dependent Variable:	Model 3 RE(K)	Model 3 RE(L)	Model 4 RE(K)	Model 4 RE(L)
SOE(-1)	-0.0924*** (0.00390)	0.0662*** (0.00623)	-0.0927*** (0.00394)	0.0378*** (0.00399)
EXP(-1)	-0.00490*** (0.00109)	0.00444 (0.00498)	-0.00680*** (0.00115)	-0.00252*** (0.000583)
TAX(-1)	-0.0111*** (0.00174)	-0.0102 (0.00782)	-0.0124*** (0.00177)	-0.0127*** (0.000936)
SOE_NOI(-1)	0.232*** (0.00425)	0.206*** (0.00909)	0.228*** (0.00435)	0.182*** (0.00894)
EXP_NOI(-1)	0.102*** (0.0126)	0.106*** (0.0109)	0.105*** (0.0126)	0.109*** (0.0149)
TAX_NOI(-1)	0.0426*** (0.0144)	0.289*** (0.0128)	0.0363** (0.0172)	0.259*** (0.0166)

续表

Dependent Variable：	Model 3 RE(K)	Model 3 RE(L)	Model 4 RE(K)	Model 4 RE(L)
SOE_Y1999(-1)			0.00874*** (0.00144)	0.124*** (0.00413)
EXP_WTO(-1)			0.00880*** (0.00145)	0.0248*** (0.000644)
RE(L)	-0.0623*** (0.00142)		-0.0634*** (0.00160)	
RE(K)		-0.0734*** (0.00344)		-0.0767*** (0.00286)
t	-0.00122*** (0.000108)	0.00223*** (0.0000949)	-0.00137*** (0.000103)	0.000618*** (0.0000536)
Fixed effect	yes	yes	yes	yes
Observations	1073	1073	1073	1073

注：所有的模型都是采用 GLS 来估计的，考虑了组间相关与组内的自相关，回归通过引入行业虚拟变量来控制行业固定效应，因变量的单位是百分比。括号中的是稳健标准误，***表示在 1% 的水平上显著异于 0，**表示在 5% 的水平上显著异于 0，*表示在 10% 的水平上显著异于 0。

从表 5.4 的结果来看，解释变量 RE(K) 和 RE(L) 前面的系数都是显著为负的，这与 Jorgenson 等(2005)的发现是一致的。同时与模型(5-1)和模型(5-2)相比，相同变量的回归结果基本保持一致，从而也说明了模型(5-1)和模型(5-2)中制度变量和重大改革事件对资源再配置的影响效果是稳健的。

第六节 结论性评述

针对社会热议的税收负担话题，本书首次从行业层面对我国全部经济领域的税收负担进行了考察，构建了覆盖 1980—2014 年整个改革开放期间并且涵盖了几乎所有间接税的生产税序列，从而为判断我国行业层面的税收负担提供了实证依据。

首先，本书对生产税这一国民经济核算的概念进行了界定，并且以《国民账户体系》为主，并同时参考 IMF、欧盟等国际组织的经验做法，系统地阐述生产税的理论内涵和核算制度规定。

其次，本书通过对我国经济普查年度和非经济普查年度的收入法 GDP 核算方法进行梳理，对主要行业的生产税核算方法进行了总结和归纳。然后，本书通过收集和整理《中国财政年鉴》《中国工业统计年鉴》《中国税务年鉴》《经济普查年鉴》等资料，按照 CIP 行业分类构建了 37 个行业 1980—2014 年的生产税序列。

再次，本书借鉴宏观税收负担的概念计算了行业的生产税负担，发现总体经济在 1980—1997 年，宏观生产税负担呈现小幅下降趋势，而 1997—2014 年，宏观生产税负担呈现较快上升趋势。其中，工业部门的生产税负担要高于其余行业，而工业部门中处于产业链最上游的能源行业生产税负担明显高于处于产业链中下游的产业；服务业部门中国有垄断服务业的生产税负担要明显高于其他市场服务业，其他市场服务业的生产税负担要明显高于非市场性服务业。1997 年之后我国生产税负担持续上升的原因，本书认为主要是与我国人口红利、投资驱动的发展战略，以及城镇化的快速推进有直接联系。国际金融危机之后，我国主要行业的生产税负担的提升幅度更加突出，一方面是由于 GDP 增长率的下滑，另一方面也受"四万亿"刺激计划带动的投资影响。

最后，本书分析了生产税负担代表的政府干预、国有比重和出口导向政策等制度因素对行业间资源再配置效率的影响，在工业部门，生产税负担、国有比重和出口比重均对资源再配置效率有负向影响，对非工业部门，这些变量对资源再配置效率呈现正向影响，"加入 WTO"和"抓大放小"国企改革都有利于提升资源再配置效率。

第六章 产业政策对全要素生产率增长作用机制的研究

第一节 引 言

无论是在经济学理论上，还是在经济政策的实践上，产业政策无疑都是最具有争议性的话题之一。直至 2013 年，全球经济仍然没有摆脱 2008 年国际金融危机的震荡，各国政府积极寻找新的增长空间，产业政策正在令人瞩目地走向复兴（Stigliz et al.，2013）。奥巴马政府为重新确立世界制造业强国领军地位，出台了一系列鼓励再工业化、制造业回归、先进制造伙伴、国家创新等战略和政策，成立由政府和私营部门共同组建的制造业创新中心；美国政府一直对主导国防技术的科研开发活动提供大量补贴。英国的卡梅隆政府也提出要采用适当的产业政策来确立未来经济增长的引擎。欧盟启动"欧盟物联网行动计划""欧盟数字战略行动计划""欧盟 2020 战略"等，大力支持新兴技术和绿色经济发展。欧盟各成员国也纷纷效仿芬兰和德国的成功经验，重新评估其产业政策。欧盟委员会更是成立了一个单独的部门来帮助各成员国设计和执行产业政策。日本政府则成立了经济振兴总部，该机构设立产业竞争力委员会，主要任务就是规划促进经济增长的产业政策。

在中国、俄罗斯、巴西、印度、印度尼西亚和尼日利亚等新兴经济体，政策制定者们都在迫切地鼓励新的产业政策思想，希望通过产业政策来实现可持续发展以及创造新的就业机会。例如，俄罗斯总统普京在第三次执政后,提出"新型工业化"基础上的产业政策调整,这种新产业政策不同于苏联时期国家包揽一切的做法,而是将创新政策、结构优化政策和投资政策结合在一起。

尽管产业政策在全球呈现复兴趋势,但是长期以来,人们不仅对"什么是产业政策"缺乏统一、规范的经济学定义,而且对"为什么要实施产业政策""产业政策的依据是什么""产业政策的效果如何",也一直缺乏统一的实证认知。

第二节 产业政策与全要素生产率的理论回顾

一、产业政策的内涵、目标与构成

关于到底什么是"产业政策",多年来学术界一直缺乏统一的、规范的定义。OECD(1975)定义产业政策是关于促进产业增长和效率提升的政策。Curzon Price(1981)提出产业政策是政府实施的旨在促进或者抑制产业结构变化的一套政策工具。Wachter(1981)认为产业政策术语指的是政府和企业在微观层面上的关系。Tyson 和 Zysman(1984)指出产业政策是政府针对或为化解特定行业内部困难而实施的政策。Johnson(1984)认为产业政策是由政府发起和协调实施的,用来提高整体经济和特定产业的生产效率和竞争力的政策。小宫隆太郎(1988)定义产业政策为政府为改变产业间的资源分配和各种产业中私营企业的某种经营活动而采取的政策,换句话说,它是促进某种产业的生产、投资、研究开发、现代化和产业改组而抑制其他产业的同类活动的政策。Geroski(1989)认为产业政策是一个基于微观供给的、广泛的、混杂的政策集合,其目的是以各种方式来提高市场绩效,而这些手段偶尔会相互掣肘。Krugman 和 Obstfeld(1991)定义产业政策是政府鼓励资源流入那些被认为可能会对未来经济增长起至关重要作用的特定行业的政策。Chang(1994)提出产业政策是针对特定产业(包括构成这个产业的厂商)实施的,以取得有利提升整体经济效率的政策。Sharp(1998)指出产业政策可被定义为政府实施的旨在影响产业的资源分配的任何政策,既包括宏观经济政策也包括传统微观经济政策。Foreman-Peck 和 Frederico(1999)认为产业政策是影响作为经济重要部分的产业发展的每一种政府干预行为。Rodrik(2004)指出产业政策是支持充满活力的经济活动的结构性重组政策,不管这些活动本质上是发生在工业还是制造业内部。

综合学者们的观点,大体上产业政策的内涵包含广义和狭义两个层面(赵昌文等,2016)。广义的产业政策是指影响一国产业发展或竞争力的任何政策(Beath,2002;Robinson,2009)。从这个概念出发,容易看出,广义的产业政策更倾向于提高竞争力和生产效率的一般性政策(Warwick,2013),通常包括针对影响产业间和产业内资源与要素再配置的政策。而狭义的产业政策则仅指影响产业间资源和要素再配置的经济政策,即选择性产业政策。

关于产业政策的目标,大体上可以概括为以下几个方面:

一是总体绩效目标。通过系统地实施产业政策,来显著改善产业间和产业内的资源配置结构和效率,进而提高整体经济效率和质量,提升经济运行的总体绩效。

二是提升竞争力目标。提高指定产业和企业的竞争能力,以迎接国际竞争对手的挑战。优化结构和产业组织,以及创新产业政策等都是以此目标为出发点。

三是调整援助目标。通过实施产业调整援助政策,有效地缓解因市场因素造成的生产能力、生产要素、生产厂商或区域社会发展不足等各种难题。

四是重塑动能目标。通过产业政策的实施为未来的长期经济增长塑造新的产业支点,例如培育新兴产业发展的政策,这对于长期处于增长乏力状态下的经济体而言尤为重要。

五是可持续增长目标。通过实施绿色导向的产业政策(如针对高耗能和高污染行业制定严格的节能减排标准,或实施差别化的环境税收政策),推动绿色产业的发展以及各类产业的绿色转型。

关于产业政策体系的构成，依据不同的分类标准，我们可以将产业政策体系进行相应的归类与分解：一类是产业间或产业内的资源配置相关的产业政策，例如产业基础设施政策和产业结构政策（包括产业扶持政策和产业调整援助政策）等；另一类是与产业组织相关的产业政策，如产业合理化政策和中小企业政策（小宫隆太郎，1988）。

根据产业政策是否具有特定的产业指向（industrial targeting），可以将产业政策划分为"横向的产业政策"（horizaontal policy）（也称为"功能性产业政策"）和"纵向的产业政策"（vertical policy）（也称为"选择性产业政策"）。其中，横向的产业政策的目标主要是为产业发展提供宽松的制度环境，或称为"框架性条件"，例如维持稳定的宏观经济环境，保持生产要素的高流动性和要素市场的良性运转等。横向的产业政策并不意味着它没有一定的产业指向，相反，它也可能针对特定产业来实施，如实施指定产业的投资激励政策，或者特定生产技能政策，还可能是为特定部门提供咨询服务（Warwick，2013）。纵向的产业政策就是狭义的产业政策，它通常包含两个大类：第一个大类是对具有战略意义的产业提供各种扶持政策，即通常所说的"选择胜出者"的政策（pick the winners），这也被称作"战略性产业政策"（strategic policy）。一般情况下，这类战略性产业政策针对两种产业来实施：一种是针对幼稚产业的"追赶战略"（catch-up strategy），另一种是针对现有优势产业的"领先战略"（frontier policy）。第二个大类是"防御性政策"（defensive policy）或"应激性政策"（reactive policy）。它主要针对处于长期停滞或者衰退困境中的产业来实施，以帮助它们有序退出市场，同时减少社会震荡，即日本学者所说的"产业调整援助政策"。

二、国外关于产业政策的实证研究

近年来，关于产业政策是否真正促进了产业的发展和生产效率的提高成为学术界关注的热门话题。已有文献从不同角度研究产业政策对增长和效率的影响，研究结果主要分为两方面，一是对产业政策效果的质疑，一是对产业政策的肯定。

第二节 产业政策与全要素生产率的理论回顾

较早的研究中,Krueger 和 Tuncer(1982)以土耳其为例,利用实际数据检验了 20 世纪 60 年代贸易保护政策是否真正起到保护幼稚产业的作用,结果发现,那些受到贸易保护的企业并没有呈现单位产出的投入快速下降的趋势,产业政策并没有起到保护幼稚产业的作用。Beason 和 Weinstein(1996)通过研究产业政策实施的典型事实,发现日本的产业政策工具与部门增长率呈现负相关关系,也就是说日本产业指向低增长率的部门而不是高增长率的部门,并没有提高目标部门的 TFP 增长率。迈克·波特(2002)深入研究了日本具有竞争力的成功产业和不具有竞争力的失败产业,发现成功的产业大多没有得到产业政策的支持,而失败的产业恰恰受到较多产业政策的约束,尤其当产业政策限制竞争较多时。Blonigen(2013)通过对 1995—2000 年 22 个国家钢铁行业数据进行研究发现,对钢铁行业实行产业政策会对下游企业的出口造成不利影响,特别是对那些使用钢铁密集的行业影响更为严重。研究发现,出口补贴和非关税壁垒每增加一个标准差,将会使下游使用钢铁的行业出口竞争力下降 3.6%,那些使用钢铁最为密集的行业出口竞争力更是下降高达 50%。Lee(1996)和 Powell(2005)认为产业政策的直接干预手段在限制竞争和选择性扶持方面会导致相关产业的生产效率降低。对产业政策提出质疑的学者大多数认为,经济的快速发展归功于实行开放措施、鼓励出口的战略以及政府积极推动人力资本投资和提升,而并非是政府在提升特定产业和技术方面的做法(Trezise,1983;Ito,1994;Krugman,1997;Heo and Kim,2000;Wolf,2007)。也有学者对政府是否可以合理的挑选目标产业、政府掌握信息的完整性以及理性政府假设问题提出质疑(Krueger and Tuncer,1982;Klinger and Lederman,2004)。早在 1974 年,Krueger 就提出政府要实现对经济的有效干预,至少需具备以下的条件:以公民利益最大化作为政府的目标函数、完全信息的假设、政策实施的无成本等,但现实中,经济发展日趋复杂导致信息广泛散布且难以保证信息质量,政府干预经济的条件大大超出了政府官员的能力范围。

当然,另一方面,也有部分学者研究发现,实施产业政策在鼓励企业竞争、增加市场运行中信息交换的效率以及激励企业家精神方面对经济发展和生产率的提高起到促进作用(小宫隆太郎,1988;青木昌彦等,1998;Rodrik,2004)。对于日本产业政策有效性研究,部分学者认为日本的经济发展离不开产业政策的实施(Johnson,1982;Little,1982;Pack,2000)。Aghion等(2015)利用中国工业企业数据库1998—2007年的企业层面数据考察了政府补贴和税收优惠等产业政策手段对企业TFP的影响,结果发现如果这些政策手段能够以促进竞争的方式实施,则能够显著提高企业TFP。

三、国内关于产业政策的实证研究

中国产业政策以各种形式广泛存在于经济发展的各个领域,主要表现为对特定行业、特定企业或特定技术等的选择性扶植及干预,围绕这些领域,已有文献的贡献主要集中在两方面:一是深入分析产业政策实施的内在机理,为产业政策实施出谋划策,二是考察产业政策在促进增长和效率方面的作用,验证产业政策实施的效果。

已有文献从行业角度分析的较多,其中较有代表性的观点有:林毅夫等(1999)认为"东亚奇迹"的产生是由于政府在经济发展的不同阶段制定了符合自身比较优势的产业政策,建议中国也应该结合行业的比较优势制定产业政策。黄先海和谢璐(2005)研究了R&D补贴政策和出口补贴政策对中国汽车产业的影响,结果发现,R&D补贴政策优于出口补贴政策,并建议我国应加大对战略性贸易产业的R&D补贴力度。宋凌云和王贤彬(2013)通过整理中国省份五年规划的重点产业政策信息,实证检验了重点产业政策对生产率的影响,发现地方政府的重点产业政策总体上显著提高了地方产业的生产率。也有学者对产业政策的效果持相反观点,江小涓(1999)指出中国政府的干预型产业政策效果多不理想,许多行业高速发展的过程,就是不断突破、摆脱有关部门干预的过程,如果政府的干预大部分得以实现,这些高速发展行业的发展将受到抑制。李平等(2010)系统评价和探讨了重点产业规划发展中产业政策发挥的作用,发现直接干预市场的产业政策抑制了市场竞争,严重阻碍了钢铁、汽车、石化、船舶等重要行业的生产效率的提高。吴敬琏(2016)在中国经济与国际合作年会提出我国所执行的"选择性产业政策"或叫做"纵向定位的产业政策"是抑制竞争的,违反公平原则的。

从企业视角来看,已有文献从企业层面出发,针对不同的公司行为(融资效率、投资效率、生产率等)分析产业政策对企业发展的影响。陈冬华等(2010)从上市公司股权融资、股权再融资和银行贷款等三个角度考察宏观经济政策与微观公司金融之间的关系。研究发现,政府政策在产业政策支持的公司融资行为中起到了主导作用,并提出,在转型中的中国,产业政策是公司融资决策的重要因素。黎文靖和李耀淘(2014)以中国A股上市公司2001—2011年财务数据为例,深入分析了宏观产业政策对公司投资行为的影响及内部机制,发现总体上产业政策并没有显著提升企业投资,而从以产权性质分组情况看,产业政策能够增加民营企业的投资,但使得企业的投资效率下降,这一结果在国有企业中并未体现。陈钊和熊瑞祥(2015)利用1998—2007年中国工业企业微观数据,结合倍差法研究发现,出口鼓励政策使得一个城市出口加工区受扶持行业内企业的出口额平均提高约11%,尤其对那些具有比较优势的行业效果尤为明显,并提出政府在制定鼓励出口的产业政策时应按照本地的比较优势来确定重点扶持的"主导产业"。薛瑞等(2016)以2001—2015年A股上市公司为例,研究产业政策在不同产权性质企业下实施效果的差异,结果发现,产业政策总体上显著提高了公司融资效率,与国企相比,对民企融资效率的影响更加显著。任曙明和吕镯(2014)通过分析政府补贴与融资约束对中国装备制造企业生产率的影响,发现政府补贴完全抵消了融资约束对生产率的负面效应,政府补贴政策促进了装备制造企业生产率平稳持续增长,当然,也存在少部分企业,政府补贴对生产率增长的作用力较小,提出政府应该谨慎、有针对性地制定补贴政策。与行业层面类似,不同研究对产业政策的实施效果持不同观点。

从产业政策对特定技术的扶植和鼓励创新方面,赵兰和周亚利(2014)以2009—2011年上市公司数据为样本,研究产业政策与企业创新绩效的关系，研究发现战略性新兴产业的创新投入、创新产出都要高于非战略性新兴产业，但战略性新兴产业的投入产出效率却低于非战略性新兴产业，并提醒政策制定者和投资者不要盲目相信战略性新兴产业。余明桂等（2016）通过收集2001—2011年上市公司及其子公司的专利数据，检验了中国产业政策对企业技术创新的影响。研究发现，产业政策能显著提高产业政策扶植行业中企业发明专利数量，尤其在民营企业中更显著。黎文靖和郑曼妮（2016）透过产业政策促进技术发展的表象，深入其本质，利用2001—2010年沪深A股上市公司的专利数据，分析中国产业政策对企业创新行为的影响及其内部机理，发现受产业政策激励的公司，专利申请确实显著增加，但只是非发明专利显著增加，单纯追求"数量"而非"质量"，文中提出，只有发明专利申请的增加才能提高企业的市场价值，以及推动技术进步和获取竞争优势的实质性创新才能促进企业发展。

通过对文献的回顾，我们发现目前国内外对产业政策的效果评估并没有形成统一的认识，尤其是关于中国的产业政策对全要素生产率的影响研究缺乏系统性的框架，或者是集中于个别的产业领域，或者是考虑的产业政策变量较少，而且这些实证研究并没有指出产业政策对全要素生产率影响的机制，以及如何改进产业政策的设计使其实现提升经济效率和国家竞争力的目标。

本书试图以中国的工业行业为研究对象，选择1998—2012年为研究时期，系统分析国际金融危机之前和之后时期选择性的产业政策对全要素生产率的影响，并揭示其影响机制。之所以以选择性的产业政策为考察对象，一方面是因为在本书选择的研究时期内中国的选择性产业政策运用是非常普遍的，而选择性产业政策的成本和收益存在很大争议，是支持了幼稚产业（infant-industry）的发展还是通过所谓的"挑选赢家"（pick-winners）反而造成了资源错配？另一方面是因为选择性产业政策的数据相对容易获取，也是之前研究中所普遍采用的。当然，广义的产业政策或者宏观政策显然会对特定行业的增长和效率表现有重要影响，但是一般来说，这些政策设计的初衷并没有明确的产业指向，所以本书忽略一些也会对不同行业产生不同影响的重要宏观政策,如货币政策、财政政策、汇率干预、税率的长期变化等。

第三节　中国的产业政策历史回顾

　　改革开放以来,中国在逐步扩大市场在资源配置中的作用的同时,充分发挥了产业政策在产业结构、布局、组织和竞争领域的重大影响。1978—1991年,中国确立了消费导向型的产业发展战略,产业政策主要致力于恢复产业基础、纠正产业结构,使轻工业得到迅速发展。这个时期,市场经济体制还未完全建立起来,政府在推动产业结构调整和产业发展方面发挥着很大的作用,产业政策的措施更多以政府投资、银行信贷、税收和计划等直接干预手段为主,间接干预手段为辅。1980年对轻纺工业安排了20亿元中短期专项贷款和3亿美元买方信贷。1985年以后,对于煤炭、铁路、民航、邮电、石油等能源交通等基础产业和原材料等重化工业,财政在确定"减税让利"体制方面给予特殊的照顾。1986年10月,国务院决定把集成电路、电子计算机、软件、程控交换机列为优先发展的高技术产品,在"七五"期间对这四个行业实行优惠政策:免征产品税、减半征收所得税,免征关键设备和仪器的进口关税,按照销售收入提取10%的研究开发费用,对重大引进工程项目免征进口税。国家在"七五"期间每年拨付1亿元电子发展基金。

　　1992—2001年,中国继续保持消费导向型的产业发展战略,短缺经济过后,产业政策开始致力于推动产业结构随消费结构升级的协调化、高度化发展。这一时期,市场经济体制逐步建立,产业政策运用大量直接干预的方式逐步减少,导向性的间接干预方式不断增加,综合运用经济、法律、行政等多种手段加强管理。1994年颁布了《90年代国家产业政策纲要》,提出加快发展机械电子、石油化工、汽车制造业和建筑业。1997年国务院颁布《当前国家重点鼓励发展的产业、产品和技术目录》,制定了鼓励软件和集成电路产业发展的政策,强调淘汰落后产能,到

1998年采取财政补贴办法压缩淘汰了1000多万锭落后棉纺锭。1994年出台了《关于企业所得税若干优惠政策的通知》,对高技术企业做出了减免所得税的规定,1999年财政部、国家税务总局财税字[273]号文件通知,对高技术产业实行税收优惠,通知对自行开发软件产品、技术转让、科研资助、高技术产品有关进出口和科研机构专制等5个方面规定了一系列税收优惠政策,以鼓励技术创新和高新技术产业化。从1999年开始增发国债中安排部分资金,主要是采取技术改造贷款贴息形式,专项用于支持重点冶金、机械、有色、石化、纺织企业和军工军转民项目更新设备。

2002—2008年,国际金融危机发生前,中国经济进入新一轮高增长,重化工发展迅猛,产业发展的战略呈现"重化工业主导""消费导向型"与"创新导向型"相结合的特点,产业政策方向主要是解决资源、环境约束问题,并营造有利于科技创新的环境,依托市场和技术两种力量来推进产业发展。2003年商务部牵头八部门联合制定《关于进一步实施科技兴贸战略的若干意见》,对高新技术出口产品研发项目给予资金支持。在出口退税方面,2004年1月1日起,中国对笔记本电脑、印刷电路等97种HS8位编码的高新技术产品继续实行17%的出口退税率,这些产品的出口额约占全部高新技术产品出口额的15%左右(陈瑾玫,2011)。

2008年下半年国际金融危机爆发后,为了应对危机,中国政府围绕着保增长、调结构、促升级等目标相继出台了不少产业政策。2009年年初,出台了汽车、钢铁、造船、石化、轻工、纺织、有色金属、装备制造、电子信息、现代物流等十大重点产业调整和振兴规划。2010年下半年,国务院出台了关于加快培育和发展高端装备、下一代信息网络技术、节能环保、新能源、生物、新材料、新能源汽车等七大战略性新兴产业的决定,以抢占未来竞争制高点并推动产业结构优化。2015年,国务院发布了"中国制造2025"和"互联网+"行动计划,目的是推动中国由制造业大国向制造业强国的转变以及通过互联网改造提升传统产业。

第四节　变量选择与典型事实

一、变量选择与数据构建

本书研究选择性产业政策对工业各行业生产率的影响，其中主要的解释变量行业全要素生产率的增长率、行业总产出增长率来源于中国产业生产率（CIP）数据库（Wu，2015；Wu and Ito，2015；Wu et al.，2015；Wu，2016），CIP 数据库是根据 KLEMS① 方法论来构建的行业投入产出、资本和劳动数据，这一数据库充分考虑了不同类别资本投入和劳动投入的异质性问题，计算全要素生产率增长率是从总产出出发而非增加值，从而考虑了中间投入对全要素生产率的影响，是目前计算中国行业层面生产率方面最科学的数据集。CIP 行业分类基于《国民经济行业分类》（GB/T4754—2002）进行了部分调整，具体对应见附录。

本书政策变量的选择基于以下四条原则：第一，选择已有文献中使用频率较高的政策变量，且数据可得；第二，所选的政策变量对经济增长的作用机制应是明确的；第三，与会议或行政指导方针不同，政府在实施这些产业政策时，会付出一定成本；第四，忽略那些实施后会对不同行业产生不同影响的宏观政策。

本书所选择的政策变量的区间为 1998—2012 年，数据主要来源于 1998—2013 年中国工业企业数据库、中经网产业数据库、《固定资产投资年鉴》以及 WITS（World Integrated Trade Solutions）数据库。其中，中国工业企业数据库中数据主要是反映各企业经济运行状况的微观数据，因此，首先需将企业层面数据合并为行业层面数据，按照中国工业企业数据库中各企业两位数行业代码（按 2002GB 分类）以及 CIP 数据库行业分

---

① KLEMS 项目是生产率和国际竞争力国际比较项目，由哈佛大学的 Jorgenson 和 Nishimizu 于 1978 年首次提出，它建立在国民核算体系（SNA）基础上，采用总产出生产函数，形成投入产出的分行业数据。

类说明,将中国工业企业数据库中的企业数据合并为按照 CIP 中行业分类的数据。

下面逐一介绍各政策变量的计算方法及数据来源:

(一)补贴(Subsidy)

计算各行业补贴收入占工业总产值的比重×100,作为反映补贴的产业政策变量,数据来源于中国工业企业数据库,其中行业补贴收入为各企业补贴收入的和,行业工业总产值为各企业工业总产值的和。该指标反应行业总产出中补贴收入所占的比重。中国工业企业数据库中 2009 年、2010 年、2011 年补贴收入数据缺失,故研究数据中未包含这三年的数据。

(二)税收优惠(Tax)

本书讨论的税收优惠指企业所得税优惠,其计算方法为:1998—2007 年,假设国家法定企业所得税率没有发生过变化,内资企业统一法定税率为 33%,外资企业统一法定税率为 15%。根据中国工业企业数据库里企业等级注册类型,将 0=民营(集体、私有),1=国有,视为内资企业,将 2=港澳台商控股和 3=外商控股视为外资企业,分别适用不同的法定税率计算其税收优惠(宋凌云和王贤彬,2013)。但宋凌云等文章中的所得税研究的样本期为 1999—2007 年,而 2008 年开始我国所得税率发生了变动,将外资企业和内资企业的所得税合并,内外资企业的所得税税率均为 25%(吴联生,2009),因此两个时间段应分别计算。参考 Aghion 等(2015)的做法,税收优惠的计算方法为:税收优惠=企业法定适用税率×利润总额-实际应交所得税。根据两个时间段的所得税数据计算各个企业的税收优惠额,并将数据中税收优惠为负的企业去掉,然后再进行行业合并,行业税收优惠为各企业税收优惠的和,行业利润总额为各企业利润总额的和。行业税收优惠额除以行业利润总额,表示各行业利润总额中税收优惠所占的比例。

(三)投资实际到位资金中国家预算资金占比(Budget)

计算各行业城镇投资实际到位资金中国家预算资金所占比重,来反映行业的投资方面的政策指向,数据来源于中经网产业数据库,以及各年度《固定资产投资年鉴》。由于2000—2002年《固定资产投资年鉴》未公开发布,所以数据中缺乏1999—2001年数据。

(四)关税(Tariff)

关税也是政府施行产业政策的一个常用工具,本书关税的数据来源于WITS数据库,WITS的关税数据分为,约定关税(BND)、最惠国关税(MFN)、优惠关税(PRF)以及有效关税(AHS),实际应用中一般采用最后一种关税形式AHS,也是国际贸易中实际使用的关税,AHS为WITS中的最低关税,如果存在PRF,则PRF为AHS,如果存在MFN,则MFN为AHS。按照WITS中ISIC revision3行业分类查找AHS数据,再将该分类与CIP行业分类进行逐一匹配。其中2012年关税数据缺失。

(五)利息率(Interest)

计算各行业利息支出占流动负债总额的比重,可以反映各行业贷款是否享受了贷款利息优惠,数据来源于中国工业企业数据库。行业利息支出和流动负债均是各相应企业数据的加总,其中利息支出为负的企业被剔除。

二、典型事实

政府在实施产业政策时往往都会提出促进经济增长的目的,但我国的产业政策实践是否真的体现了这一目的,还有待证实。我们首先来看看是否在实施产业政策前增长率更高的行业享受到了更高的产业政策的保护。表6.1给出了CIP行业分类中所有工业行业在实施产业政策前的总产出增长率以及相应产业政策变量的年度平均值,可以看出在1998—2012年,平均增长率最快的行业仪器仪表制造业,在产业政策的获取上面并非是排在前面,除了利息率排第 2 位,其余排位都偏中间。交通运输设备制造业在平均增长率上排第 2 位,在行业投资实际到位资金中国家预算资金占比这个政策上排第 2 位,利息率排第 3 位,关税排第 4 位,补贴排第 10 位,而税收优惠则排第 22 位,从产业政策变量的排名来看符合该行业在我国产业政策实践中的重要地位。以汽车产业为代表的交通运输设备制造业从改革开放之后就一直是我们产业政策实践作用的重点行业,在加入 WTO 之前,我国对汽车生产的准入实行严格控制,并且对于进口整车实行高关税下的数量管理,加入 WTO 之后,我国逐步下调汽车进口关税,但是关税率相对其他行业依然很高,同时开始强调自主创新能力和培育自主品牌,通过财税和参与重大科技攻关项目来实施产业政策。电子通信设备制造业在平均增长率上排第 3 位,但是在产业政策的获取上面并没有获得相应的地位,除了利息率排第 1 位,在行业投资实际到位资金中国家预算资金占比上排第 5 位,其余政策变量排名都偏后,这一行业是我国市场化程度非常高的一个行业,竞争比较充分。而相对获得产业政策支持较多的电力、热力、燃气及水生产和供应业的平均增长率的排名偏后,其在行业投资实际到位资金中国家预算资金占比上排第 1 位,补贴上排第 2 位,税收优惠上排第 3 位,在关税和利息率上排名非常靠后。有些国家产业政策实践的重点行业,如金属冶炼和压延加工业、金属矿采选业、化工原料及相关行业等,在平均增长率的表现上是较好的,但有些国家产业政策实践的重点行业,如煤炭开采和洗选业,烟草制品业,石油加工、炼焦和核燃料加工业等,在平均增长率的表现上是较差的。所以,总体来说,产业政策并非都是付诸于增长率高的行业,而且产业政策的组合在跨行业之间并没有表现出一致性,如电力、热力、燃气及水生产和供应业在行业投资实际到位资金中国家预算资金占比、补贴和税收优惠排名靠前,但是在关税和利息率上排名非常靠后,这种表现与日本 1955—1990 年的产业政策实践的表现是很相像的,产业政策工具之间缺乏一致性使得资源在行业之间的配置没有明确的目标。

表 6.1　行业的总产出增长率(产业政策实施前)与产业政策的相对水平(1998—2012)

CIP行业编号	增长率(实施前,%)	补贴(%)	税收优惠(%)	关税	利息率	投资实际到位资金中国家预算资金占比(%)
22	28.39	0.24(14)	0.13(21)	8.69(12)	0.020(2)	1.33(6)
23	18.29	0.32(10)	0.13(22)	15.19(4)	0.022(3)	2.70(2)
21	17.67	0.14(20)	0.10(24)	7.96(13)	0.018(1)	1.34(5)
20	16.85	0.20(17)	0.14(17)	5.04(18)	0.024(7)	0.64(13)
11	16.31	0.36(7)	0.25(13)	6.88(15)	0.034(19)	0.28(20)
17	15.55	0.25(13)	0.36(4)	4.92(19)	0.033(14)	0.82(11)
19	14.85	0.36(8)	0.31(9)	6.71(16)	0.023(4)	1.42(4)
4	14.43	0.69(3)	0.34(6)	0.00(24)	0.033(15)	0.52(16)
12	13.78	0.26(12)	0.33(7)	5.53(17)	0.037(22)	0.25(21)
14	13.54	0.35(9)	0.45(1)	9.99(8)	0.036(20)	0.56(15)
18	12.78	0.14(21)	0.14(18)	9.33(9)	0.026(9)	0.20(23)
16	12.37	0.61(4)	0.15(16)	12.37(6)	0.034(18)	0.61(14)
10	12.30	0.10(24)	0.13(20)	9.03(10)	0.027(10)	0.18(24)
25	12.24	0.70(2)	0.44(3)	0.64(23)	0.078(24)	8.01(1)
6	12.20	0.23(15)	0.44(2)	21.34(2)	0.033(16)	0.51(17)
15	12.17	0.19(18)	0.28(10)	10.59(7)	0.029(12)	0.71(12)
9	11.93	0.11(23)	0.14(19)	16.34(3)	0.024(6)	0.25(22)
2	10.48	1.55(1)	0.26(12)	2.89(20)	0.029(11)	1.70(3)
7	9.64	0.39(6)	0.27(11)	39.90(1)	0.023(5)	1.15(7)
5	9.09	0.29(11)	0.33(8)	2.71(21)	0.032(13)	0.45(18)
24	7.76	0.21(16)	0.36(5)	8.96(11)	0.025(8)	1.04(8)
8	7.45	0.16(19)	0.15(15)	13.65(5)	0.034(17)	0.41(19)
13	6.76	0.39(5)	0.19(14)	6.89(14)	0.037(23)	0.92(10)
3	3.26	0.12(22)	0.11(23)	2.52(22)	0.037(21)	0.93(9)

注：补贴在中国工业企业数据库中缺少 2009—2011 年的数据,故在做平均时未包含这三年;关税缺少 2012 年的数据,故在做平均时未包含 2012 年;行业投资实际到位资金中国家预算资金占比数据来自《固定投资统计年鉴》,由于 1999—2001 年的年鉴未出版,且 1998 年的数据口径与之后年份都不同,故在做平均时未包含 1998—2001 年。

将样本期间以 2008 年的国际金融危机为界分为两个子区间：1998—2007 年，国际金融危机之前；2008—2012 年，国际金融危机之后。其中，1998—2007 年，经历了国企改革抓大放小和加入 WTO，我国产业政策的着力方向是推动产业结构调整以及支持"重化工业主导"的产业发展战略；2008—2012 年，为了应对危机出台了"4 万亿"财政刺激计划，我国政府主要围绕保增长、调结构、促升级等目标来实施产业政策。我们来看看在这两个子区间内，总产出增长率与产业政策变量的关系是否与整个时间有显著的差异。

从 1998—2007 年的数据来看，平均增长率排在前三位的依然是仪器仪表制造业、电子通信设备制造业和交通运输设备制造业，在产业政策变量上这三个行业的表现与 1998—2012 年的表现一致，仪器仪表制造业只在利息率上排第 2 位，电子通信设备制造业只在利息率排上第 1 位，在行业投资实际到位资金中国家预算资金占比上排第 6 位，交通运输设备制造业在行业投资实际到位资金中国家预算资金占比上排第 2 位，在利息率和关税上均排第 5 位。而相对获得产业政策支持较多的电力、热力、燃气及水生产和供应业的平均增长率的排名提升到第 6 位，其在行业投资实际到位资金中国家预算资金占比上排第 1 位，补贴上排第 3 位，税收优惠上排第 3 位。食品行业在税收优惠和关税上排名均为第 2 位，但是平均增长率上相较 1998—2012 年表现变得更差了。类似 1998—2012 年，有些国家产业政策实践的重点行业，如金属冶炼和压延加工业、金属矿采选业、化工原料及相关行业等，在平均增长率的表现上是较好的，但有些国家产业政策实践的重点行业，如煤炭开采和洗选业、石油加工、炼焦和核燃料加工业等，在平均增长率的表现上是较差的。总体来看，1998—2007 年与 1998—2012 年类似，产业政策并非都是付诸于增长率高的行业，而且产业政策的组合在跨行业之间并没有表现出一致性。详见表 6.2。

表 6.2　行业的总产出增长率(产业政策实施前)与产业政策的相对水平(1998—2007)

CIP行业编号	增长率(实施前,%)	补贴(%)	税收优惠	关税	利息率	投资实际到位资金中国家预算资金占比(%)
22	26.09	0.24(14)	0.12(22)	9.52(12)	0.021(2)	1.86(5)
21	20.86	0.13(21)	0.09(24)	8.86(14)	0.020(1)	1.60(6)
23	19.94	0.32(10)	0.13(21)	15.99(5)	0.024(5)	4.03(2)
20	17.15	0.22(17)	0.15(17)	6.42(18)	0.025(8)	0.92(11)
17	16.70	0.27(12)	0.41(4)	5.74(19)	0.033(17)	1.03(9)
25	16.59	0.72(3)	0.43(3)	0.90(23)	0.083(24)	7.94(1)
11	16.21	0.39(7)	0.24(13)	8.98(13)	0.033(16)	0.34(19)
19	15.61	0.40(6)	0.32(9)	7.95(15)	0.024(7)	2.19(3)
4	13.86	0.81(2)	0.35(7)	0.00(24)	0.035(19)	0.58(17)
12	13.74	0.27(13)	0.33(8)	6.50(17)	0.036(20)	0.19(22)
15	13.64	0.21(18)	0.29(11)	11.97(7)	0.029(12)	1.13(7)
14	13.10	0.37(8)	0.49(1)	11.10(9)	0.037(21)	0.80(13)
18	11.96	0.15(20)	0.14(18)	9.72(11)	0.026(9)	0.21(21)
10	11.55	0.10(24)	0.13(20)	9.74(10)	0.024(6)	0.15(24)
13	11.01	0.33(9)	0.20(14)	7.61(16)	0.041(22)	0.33(20)
24	10.79	0.22(16)	0.36(6)	11.33(8)	0.023(3)	0.65(14)
9	10.47	0.12(22)	0.14(19)	18.84(3)	0.023(4)	0.16(23)
6	9.99	0.24(15)	0.46(2)	25.62(2)	0.032(15)	0.59(16)
8	9.96	0.17(19)	0.16(15)	16.05(4)	0.032(14)	0.61(15)
2	9.53	1.80(1)	0.29(10)	4.03(20)	0.027(10)	2.01(4)
16	9.47	0.64(4)	0.15(16)	12.71(6)	0.035(18)	0.88(12)
5	8.27	0.31(11)	0.37(5)	3.42(22)	0.030(13)	0.56(18)
7	7.41	0.45(5)	0.28(12)	43.17(1)	0.028(11)	1.07(8)
3	3.78	0.11(23)	0.12(23)	3.50(21)	0.042(23)	1.01(10)

注：行业投资实际到位资金中国家预算资金占比数据来自《固定投资统计年鉴》，由于1999—2001年的年鉴未出版，且1998年的数据口径与之后年份都不同，故在做平均时未包含1998—2001年。

第六章 产业政策对全要素生产率增长作用机制的研究

从 2008—2012 年的数据来看，总产出的平均增长率排序与 1998—2007 年相比发生了很大变化，排前三位的是仪器仪表制造业、建筑材料业、食品行业，但是这三种行业在产业政策的获取上面并没有获得相应的地位，仪器仪表制造业只有在利息率上排第 4 位，建筑材料业只有在补贴和关税上排第 3 位，食品行业只有在税收优惠上排第 2 位，在关税上排第 4 位。而石油加工、炼焦和核燃料加工业的平均增长率表现非常突出，为 -1.74%，而其在补贴上排第 1 位，在行业投资实际到位资金中国家预算资金占比上排第 2 位。相对获得产业政策支持较多的电力、热力、燃气及水生产和供应业的平均增长率的排名偏后，其在行业投资实际到位资金中国家预算资金占比和税收优惠上均排第 1 位。尽管国际金融危机之后，各行业平均增长率的排序发生较大变化，但与 1998—2012 年类似，产业政策并非都是付诸增长率高的行业，而且产业政策的组合在跨行业之间并没有表现出一致性。详见表 6.3。

表 6.3　行业的总产出增长率（产业政策实施前）与产业政策的相对水平（2008—2012）

CIP行业编号	增长率（实施前，%）	补贴（%）	税收优惠	关税	利息率	投资实际到位资金中国家预算资金占比(%)
22	32.98	0.26(6)	0.13(17)	6.61(11)	0.018(4)	0.69(9)
16	18.17	0.46(3)	0.14(16)	11.51(3)	0.034(17)	0.28(19)
6	16.63	0.21(8)	0.42(2)	10.64(4)	0.036(19)	0.41(13)
11	16.52	0.21(9)	0.26(10)	1.65(18)	0.038(23)	0.21(22)
20	16.25	0.14(17)	0.13(18)	1.59(19)	0.023(6)	0.31(17)
4	15.57	0.10(20)	0.33(6)	0.00(24)	0.030(13)	0.45(12)
23	15.00	0.27(5)	0.12(22)	13.20(2)	0.017(3)	1.10(6)
9	14.84	0.10(21)	0.13(19)	10.09(5)	0.026(8)	0.36(14)

续表

CIP行业编号	增长率(实施前,%)	补贴(%)	税收优惠	关税	利息率	投资实际到位资金中国家预算资金占比(%)
14	14.42	0.25(7)	0.39(3)	7.19(9)	0.035(18)	0.28(18)
18	14.41	0.09(22)	0.13(21)	8.33(6)	0.027(9)	0.18(23)
7	14.11	0.06(24)	0.26(11)	31.73(1)	0.013(1)	1.24(5)
12	13.84	0.19(10)	0.33(5)	3.09(15)	0.038(22)	0.32(15)
10	13.79	0.08(23)	0.13(20)	7.23(8)	0.032(15)	0.21(20)
19	13.31	0.18(12)	0.28(7)	3.60(14)	0.021(5)	0.50(11)
17	13.26	0.15(16)	0.27(9)	2.88(17)	0.032(16)	0.57(10)
2	12.40	0.32(4)	0.20(13)	0.05(22)	0.031(14)	1.32(4)
21	11.29	0.16(14)	0.12(23)	5.72(12)	0.015(2)	1.02(7)
5	10.72	0.18(11)	0.24(12)	0.92(20)	0.037(20)	0.32(16)
15	9.23	0.11(19)	0.27(8)	7.14(10)	0.029(11)	0.21(21)
25	3.53	0.62(2)	0.46(1)	0.00(23)	0.069(24)	8.09(1)
8	2.44	0.12(18)	0.14(15)	7.63(7)	0.037(21)	0.17(24)
3	2.23	0.15(15)	0.09(24)	0.1(21)	0.025(7)	0.84(8)
24	1.69	0.16(13)	0.36(4)	3.04(16)	0.027(10)	1.50(3)
13	-1.74	0.69(1)	0.15(14)	5.08(13)	0.030(12)	1.61(2)

注：补贴在中国工业企业数据库中缺少2009—2011年的数据，故在做平均时未包含这三年；关税缺少2012年的数据，故在做平均时未包含2012年。

产业政策的实施如果有促进产业增长的考虑，也可能体现在某行业实施产业政策之后增长率变得较高，那我们再来看一看是否在实施产业政策后增长率更高的行业享受到了更高的产业政策的保护。从1998—2012年的数据来看，平均增长率排在前三位的行业为仪器仪表制造业、交通运输设备制造业和电气设备制造业，仪器仪表制造业只有在利息率上排第2位，

第六章　产业政策对全要素生产率增长作用机制的研究

电气设备制造业只有在利息率上排第 7 位,这两个行业的产业政策获取与其增长率表现并不一致,而交通运输设备制造业在行业投资实际到位资金中国家预算资金占比上排第 2 位,在利息率上排第 3 位,在关税上均排第 4 位,这与该行业从改革开放之后就一直是我国产业政策实践作用的重点行业相一致。而相对获得产业政策支持较多的电力、热力、燃气及水生产和供应业的平均增长率的排名偏后,其在行业投资实际到位资金中国家预算资金占比上排第 1 位,在补贴上排第 2 位,在税收优惠上排第 3 位。还有一些获得产业政策支持较多的行业,如煤炭开采和洗选业、烟草制品业等,在平均增长率上都表现很差。总体上来说,数据并没有体现受到了更高产业政策保护的行业会出现更高的总产出增长率。详见表 6.4。

表 6.4　行业的总产出增长率(产业政策实施后)与产业政策的相对水平(1998—2012)

CIP 行业编号	增长率(实施后,%)	补贴(%)	税收优惠(%)	关税	利息率	投资实际到位资金中国家预算资金占比(%)
22	19.81	0.24(14)	0.13(21)	8.69(12)	0.020(2)	1.33(6)
23	18.65	0.32(10)	0.13(22)	15.19(4)	0.022(3)	2.70(2)
20	17.35	0.20(17)	0.14(17)	5.04(18)	0.024(7)	0.64(13)
11	17.25	0.36(7)	0.25(13)	6.88(15)	0.034(19)	0.28(20)
21	17.03	0.14(20)	0.10(24)	7.96(13)	0.018(1)	1.34(5)
17	16.36	0.25(13)	0.36(4)	4.92(19)	0.033(14)	0.82(11)
19	15.58	0.36(8)	0.31(9)	6.71(16)	0.023(4)	1.42(4)
4	15.12	0.69(3)	0.34(5)	0.00(24)	0.033(15)	0.52(16)
12	14.26	0.26(12)	0.33(7)	5.53(17)	0.037(22)	0.25(21)
14	13.72	0.35(9)	0.45(1)	9.99(8)	0.036(20)	0.56(15)
6	13.19	0.23(15)	0.44(2)	21.34(2)	0.033(16)	0.51(17)

续表

CIP行业编号	增长率(实施后,%)	补贴(%)	税收优惠	关税	利息率	投资实际到位资金中国家预算资金占比(%)
18	13.12	0.14(21)	0.14(18)	9.33(9)	0.026(9)	0.20(23)
16	13.06	0.61(4)	0.15(16)	12.37(6)	0.034(18)	0.61(14)
10	12.91	0.10(24)	0.13(20)	9.03(10)	0.027(10)	0.18(24)
15	12.37	0.19(18)	0.28(10)	10.59(7)	0.029(12)	0.71(12)
25	12.30	0.70(2)	0.44(3)	0.64(23)	0.078(24)	8.01(1)
9	11.66	0.11(23)	0.14(19)	16.34(3)	0.024(6)	0.25(22)
2	11.60	1.55(1)	0.26(12)	2.89(20)	0.029(11)	1.70(3)
5	10.49	0.29(11)	0.33(8)	2.71(21)	0.032(13)	0.45(18)
7	10.07	0.39(6)	0.27(11)	39.90(1)	0.023(5)	1.15(7)
8	7.41	0.16(19)	0.15(15)	13.65(5)	0.034(17)	0.41(19)
24	7.17	0.21(16)	0.36(5)	8.96(11)	0.025(8)	1.04(8)
13	7.14	0.39(5)	0.19(14)	6.89(14)	0.037(23)	0.92(10)
3	3.21	0.12(22)	0.11(23)	2.52(22)	0.037(21)	0.93(9)

注：产业政策实施后的总产出增长率选择的是实施下一年的增长率，故对应于1998—2012年的区间应该选择1999—2013年的总产出增长率，但由于缺少2013年的总产出增长率，故平均时选择了1999—2012年来求平均。补贴在中国工业企业数据库中缺少2009—2011年的数据，故在做平均时未包含这三年；关税缺少2012年的数据，故在做平均时未包含2012年；行业投资实际到位资金中国家预算资金占比数据来自《固定投资统计年鉴》，由于1999—2001年的年鉴未出版，且1998年的数据口径与之后年份都不同，故在做平均时未包含1998—2001年。

我们进一步分子区间来分别考虑，从1998—2007年的数据来看，平均增长率排在前三位的是仪器仪表制造业、交通运输设备制造业和电子通信设备制造业，在产业政策变量上这三个行业的表现与1998—2012年的表现一致,仪器仪表制造业只在利息率上排第2位,交通运输设备制造业在行业投资实际到位资金中国家预算资金占比上排第2位,在利息率和关税上均排第5位,电子通信设备制造业只在利息率上排第1位,在行业投资实际到位资金中国家预算资金占比上排第6位。而获得产业政策支持较多的电力、热力、燃气及水生产和供应业的平均增长率的排名提升到第10位,其在行业投资实际到位资金中国家预算资金占比上排第1位,补贴上排第3位,税收优惠上排第3位。食品行业在税收优惠和关税上排名均为第2位,但是平均增长率上相较1998—2012年表现变得更差了。金属冶炼和压延加工业尽管是产业政策实践的重点行业,但是在产业政策的支持上并不多①,只有税收优惠上排第4位,但是该行业的平均增长率是表现很好的。有些国家产业政策实践的重点行业,如金属矿采选业、化工原料及相关行业等,在平均增长率的表现上是较好的,但有些国家产业政策实践的重点行业,如石油加工、炼焦和核燃料加工业等,在平均增长率的表现上是较差的。总体来看,1998—2007年与1998—2012年类似,数据并没有体现受到了更高产业政策保护的行业会出现更高的总产出增长率。详见表6.5。

表6.5 行业的总产出增长率(产业政策实施后)与产业政策的相对水平(1998—2007)

CIP行业编号	增长率(实施后,%)	补贴(%)	税收优惠	关税	利息率	投资实际到位资金中国家预算资金占比(%)
22	25.19	0.24(14)	0.12(22)	9.52(12)	0.021(2)	1.86(5)
23	20.41	0.32(10)	0.13(21)	15.99(5)	0.024(5)	4.03(2)
21	19.48	0.13(21)	0.09(24)	8.86(14)	0.020(1)	1.60(6)
20	19.01	0.22(17)	0.15(17)	6.42(18)	0.025(8)	0.92(11)

① 由于此处只考虑了五种产业政策工具,还有产业指导、直接信贷支持等没有考虑进来,故此结论在如果考虑全部产业政策工具的前提下,未必成立。

续表

CIP 行业编号	增长率(实施后,%)	补贴(%)	税收优惠	关税	利息率	投资实际到位资金中国家预算资金占比(%)
17	17.61	0.27(12)	0.41(4)	5.74(19)	0.033(17)	1.03(9)
19	16.87	0.40(6)	0.32(9)	7.95(15)	0.024(7)	2.19(3)
11	16.78	0.39(7)	0.24(13)	8.98(13)	0.033(16)	0.34(19)
4	15.21	0.81(2)	0.35(7)	0.00(24)	0.035(19)	0.58(17)
12	14.09	0.27(13)	0.33(8)	6.50(17)	0.036(20)	0.19(22)
25	13.79	0.72(3)	0.43(3)	0.90(23)	0.083(24)	7.94(1)
15	13.76	0.21(18)	0.29(11)	11.97(7)	0.029(12)	1.13(7)
14	13.21	0.37(8)	0.49(1)	11.10(9)	0.037(21)	0.80(13)
2	12.63	1.80(1)	0.29(10)	4.03(20)	0.027(10)	2.01(4)
10	12.25	0.10(24)	0.13(20)	9.74(10)	0.024(8)	0.15(24)
18	12.15	0.15(20)	0.14(18)	9.72(11)	0.026(9)	0.21(21)
6	11.87	0.24(15)	0.46(2)	25.62(2)	0.032(15)	0.59(16)
16	10.41	0.64(4)	0.15(16)	12.71(6)	0.035(18)	0.88(12)
9	10.31	0.12(22)	0.14(19)	18.84(3)	0.023(4)	0.16(23)
13	9.70	0.33(9)	0.20(14)	7.61(16)	0.041(22)	0.33(20)
8	9.68	0.17(19)	0.16(15)	16.05(4)	0.032(14)	0.61(15)
5	9.24	0.31(11)	0.37(5)	3.42(22)	0.030(13)	0.56(18)
7	9.11	0.45(5)	0.28(12)	43.17(1)	0.028(11)	1.07(8)
24	7.21	0.22(16)	0.36(6)	11.33(8)	0.023(3)	0.65(14)
3	4.84	0.11(23)	0.12(23)	3.50(21)	0.042(23)	1.01(10)

注：产业政策实施后的总产出增长率选择的是实施下一年的增长率，故对应于 1998—2007 年的区间应该选择 1999—2008 年的总产出增长率。行业投资实际到位资金中国家预算资金占比数据来自《固定投资统计年鉴》，由于 1999—2001 年的年鉴未出版，且 1998 年的数据口径与之后年份都不同，故在做平均时未包含 1998—2001 年。

从 2008—2012 年的数据来看，总产出的平均增长率排在前三位的是烟草制品业、木材加工和家具制造业、食品行业，但是这些行业在产业政策的获取上面并没有获得相应的地位，木材加工和家具制造业并没有排位靠前的产业政策获取，烟草制品业只有在补贴和关税上均排第 3 位，食品行业只有在税收优惠上排第 2 位，在关税上排第 4 位。石油加工、炼焦和核燃料加工业的平均增长率排倒数第 2 位，但其在补贴上排第 1 位，在行业投资实际到位资金中国家预算资金占比上排第 2 位。相对获得产业政策支持较多的电力、热力、燃气及水生产和供应业的平均增长率的排名偏后，其在行业投资实际到位资金中国家预算资金占比和税收优惠上均排第 1 位。尽管国际金融危机之后，各行业平均增长率的排序发生较大变化，但与 1998—2012 年类似，数据并没有体现受到了更高产业政策保护的行业会出现更高的总产出增长率。详见表 6.6。

表 6.6　行业的总产出增长率（产业政策实施后）与产业政策的相对水平（2008—2012）

CIP 行业编号	增长率（实施后，%）	补贴（%）	税收优惠	关税	利息率	投资实际到位资金中国家预算资金占比（%）
16	19.70	0.46(3)	0.14(16)	11.51(3)	0.034(17)	0.28(19)
11	18.44	0.21(9)	0.26(10)	1.65(18)	0.038(23)	0.21(22)
6	16.49	0.21(8)	0.42(2)	10.64(4)	0.036(19)	0.41(13)
18	15.55	0.09(22)	0.13(21)	8.33(6)	0.027(9)	0.18(23)
9	15.03	0.10(21)	0.13(19)	10.09(5)	0.026(8)	0.36(14)
14	14.98	0.25(7)	0.39(3)	7.19(9)	0.035(18)	0.28(18)
4	14.89	0.10(20)	0.33(6)	0.00(24)	0.030(13)	0.45(12)
12	14.70	0.19(10)	0.33(5)	3.09(15)	0.038(22)	0.32(15)
10	14.54	0.08(23)	0.13(20)	7.23(8)	0.032(15)	0.21(20)

续表

CIP行业编号	增长率(实施后,%)	补贴(%)	税收优惠	关税	利息率	投资实际到位资金中国家预算资金占比(%)
23	14.24	0.27(5)	0.12(22)	13.20(2)	0.017(3)	1.10(6)
5	13.61	0.18(11)	0.24(12)	0.92(20)	0.037(20)	0.32(16)
17	13.24	0.15(16)	0.27(9)	2.88(17)	0.032(16)	0.57(10)
20	13.22	0.14(17)	0.13(18)	1.59(19)	0.023(6)	0.31(17)
7	12.48	0.06(24)	0.26(11)	31.73(1)	0.013(1)	1.24(5)
19	12.36	0.18(12)	0.28(7)	3.60(14)	0.021(5)	0.50(11)
21	10.89	0.16(14)	0.12(23)	5.72(12)	0.015(2)	1.02(7)
2	9.04	0.32(4)	0.20(13)	0.05(22)	0.031(14)	1.32(4)
15	8.90	0.11(19)	0.27(8)	7.14(10)	0.029(11)	0.21(21)
25	8.57	0.62(2)	0.46(1)	0.00(23)	0.069(24)	8.09(1)
24	7.09	0.16(13)	0.36(4)	3.04(16)	0.027(10)	1.50(3)
22	6.38	0.26(6)	0.13(17)	6.61(11)	0.018(4)	0.69(9)
8	1.74	0.12(18)	0.14(15)	7.63(7)	0.037(21)	0.17(24)
13	0.72	0.69(1)	0.15(14)	5.08(13)	0.030(12)	1.61(2)
3	-0.87	0.15(15)	0.09(24)	0.1(21)	0.025(7)	0.84(8)

注：产业政策实施后的总产出增长率选择的是实施下一年的增长率，故对应于2008—2012年的区间应该选择2009—2013年的总产出增长率，但由于缺少2013年的总产出增长率，故平均时选择了2009—2012年来求平均。补贴在中国工业企业数据库中缺少2009—2011年的数据，故在做平均时未包含这三年；关税缺少2012年的数据，故在做平均时未包含2012年。

从行业总产出平均增长率与产业政策的相对水平的描述性统计分析可以看出，总体来看，实施产业政策并没有挑选出高增长率的行业，而且也没有促进行业增长率的提高。我们进一步通过行业的总产出增长率与产业政策的相关关系来说明这一结论。不论是从1998—2012年的整个时期来看，还是以国际金融危机为界的两个子时期来看，政策实施前的行业总产出增长率与产业政策的相关关系都不显著（在5%的显著性水平下），并且除了2008—2012年，政策实施前的行业总产出增长率与关税的相关系数为正，其余时期行业总产出增长率与各产业政策的相关系数均为负。而政策实施后的行业总产出增长率与产业政策的相关关系基本上也不显著，唯一例外的是1998—2007年，政策实施后的行业总产出增长率与关税的相关系数为-0.1743。从相关系数的符号来看，各政策变量之间以及各时间段之间并不一致。从1998—2012年的整个时期来看，政策实施后的行业总产出增长率与补贴、在行业投资实际到位资金中国家预算资金占比的相关系数都是正的，而与税收优惠、关税、利息率的相关系数则是负的。在1998—2007年，政策实施后的行业总产出增长率与各政策变量的相关系数符号与整个时期是一致的。但在2008—2012年，政策实施后的行业总产出增长率与补贴、税收优惠、关税的相关系数都是正的，而与利息率、在行业投资实际到位资金中国家预算资金占比的相关系数则是负的。详见表6.7、表6.8、表6.9。

表6.7　行业的总产出增长率与产业政策的相关关系（1998—2012）

	增长率（实施前）	补贴	税收优惠	关税	利息率	投资实际到位资金中国家预算资金占比
增长率（实施前）	1					
补贴	-0.0381	1				
	0.5200					
税收优惠	-0.0588	0.4529	1			
	0.2655	0.0000				
关税	-0.0925	-0.0999	0.2702	1		
	0.0904	0.1052	0.0000			

续表

	增长率（实施前）	补贴	税收优惠	关税	利息率	投资实际到位资金中国家预算资金占比
利息率	−0.0763	0.2097	0.1106	−0.0858	1	
	0.1487	0.0003	0.0360	0.1164		
投资实际到位资金中国家预算资金占比	−0.0627	0.3133	0.0956	−0.0890	0.5110	1
	0.3098	0.0000	0.1214	0.1695	0.0000	
增长率（实施后）		0.0266	−0.0443	−0.0909	−0.0911	0.0668
		0.6676	0.4182	0.0961	0.0954	0.0668

注：补贴缺少2009—2011年的数据；关税缺少2012年的数据；行业投资实际到位资金中国家预算资金占比数据缺少1998—2001年。从横行来看，每个变量对应的第一行是相关系数，下一行对应的是显著性水平，变量本身的相关系数为1，且不报告显著性水平。

表6.8　行业的总产出增长率与产业政策的相关关系（1998—2007）

	增长率（实施前）	补贴	税收优惠	关税	利息率	投资实际到位资金中国家预算资金占比
增长率（实施前）	1					
补贴	−0.0330	1				
	0.6107					
税收优惠	−0.0721	0.4650	1			
	0.2659	0.0000				
关税	−0.1353	−0.1157	0.2063	1		
	0.0362	0.0737	0.0013			

续表

	增长率（实施前）	补贴	税收优惠	关税	利息率	投资实际到位资金中国家预算资金占比
利息率	-0.0632	0.2032	0.1071	-0.0573	1	
	0.3292	0.0015	0.0978	0.3764		
投资实际到位资金中国家预算资金占比	-0.0205	0.2869	0.0210	-0.0702	0.5254	1
	0.8075	0.0005	0.8031	0.4031	0.0000	
增长率（实施后）		0.0348	-0.0730	-0.1743	-0.0735	0.1573
		0.6109	0.2854	0.0103	0.2825	0.0861

注：行业投资实际到位资金中国家预算资金占比数据缺少1998—2001年。从横行来看，每个变量对应的第一行是相关系数，下一行对应的是显著性水平，变量本身的相关系数为1，且不报告显著性水平。

表6.9　行业的总产出增长率与产业政策的相关关系（2008—2012）

	增长率（实施前）	补贴	税收优惠	关税	利息率	投资实际到位资金中国家预算资金占比
增长率（实施前）	1					
补贴	-0.1488	1				
	0.3127					
税收优惠	-0.0464	0.0936	1			
	0.6145	0.5267				
关税	0.0527	-0.0724	0.3851	1		
	0.6103	0.7369	0.0001			

续表

	增长率（实施前）	补贴	税收优惠	关税	利息率	投资实际到位资金中国家预算资金占比
利息率	−0.1184	0.4078	0.0806	−0.3783	1	
	0.1977	0.0040	0.3818	0.0001		
投资实际到位资金中国家预算资金占比	−0.1565	0.4063	0.2110	−0.1706	0.5649	1
	0.0877	0.0042	0.0207	0.0965	0.0000	
增长率（实施后）		0.0082	0.0230	0.0848	−0.0281	−0.1003
		0.9698	0.8240	0.4111	0.7860	0.3308

注：补贴缺少 2009—2011 年的数据；关税缺少 2012 年的数据。从横行来看，每个变量对应的第一行是相关系数，下一行对应的是显著性水平，变量本身的相关系数为 1，且不报告显著性水平。

相关关系的分析进一步证实了我国产业政策的实施并没有真的体现促进增长的目标，从实施产业政策挑选的行业来看，更多的是挑选了低增长率的行业来实施产业政策；从实施产业政策之后的效果来看，不同产业政策的效果是不同的，有的提高了行业的增长率，有的则降低了行业的增长率，并且不同时期产业政策的效果也不一样。从各产业政策变量之间的相关关系可以看出，产业政策工具之间存在显著相关关系的不多，并且相关系数都较小，关税更是与其他政策工具之间存在负向的相关关系，这种现象不仅在整个时期存在，而且在各子区间均存在，充分说明了产业政策实施过程中政策工具运用缺乏协调性，这会削弱产业政策在优化资源配置目标上的效果。

产业政策更多是挑选了低增长率的行业，并不否认部分高增长率的行业获得了较多的产业政策支持，比如交通运输设备制造业。之所以政府会支持增长率低的行业,有可能有两方面的原因:第一,政府为了避免增长率低的行业彻底崩溃而出现大量失业从而带来社会问题,尤其这些行业还存在大量国有企业,所以政府需要支持其发展;第二,政府希望通过产业政策支持来提升低增长率行业的生产率,从而使其能够恢复竞争力。对于第二个原因,即产业政策是否存在提升生产率的效应,是本章接下来的部分要重点分析的内容。

第五节 实 证 检 验

为了检验产业政策对行业的全要素生产率增长率的影响,本书构建计量模型(6.1):

$$TFPG_{i,t} = \beta_0 + \beta_1 DTAR_{i,t-1} + \beta_2 DSUB_{i,t-1} + \beta_3 TAX_{i,t-1} + \beta_4 DBUD_{i,t-1} + \beta_5 DINT_{i,t-1} + \beta_6 TAR_{i,t-1} + \theta_i + \theta_t + \varepsilon_{i,t} \quad (6-1)$$

其中,被解释变量为全要素生产率增长率(TFPG),解释变量的选择参考Beason和Weinstein(1996)的处理方法,以政策变量的原始值为基准,并相应做了一些调整。关于贸易保护选取了两个变量,DTAR等于特定行业的有效保护率减去各行业在同一年份的平均有效保护率,采用这种形式是为了反映特定行业在有效保护率上的相对变动,进而估计有效保护率的变动对全要素生产率增长变动的影响;TAR是政策变量中的Tariff,即关税,用来衡量总体的有效保护率的潜在影响。TAX则直接采用政策变量中的Tax,即税收优惠,因为在税收优惠的计算中税收优惠额等于法定税率计算的应交税收减去实际应交所得税,故TAX实际反映的就是特定行业在税率上的相对变动,从而与Beason和Weinstein(1996)的处理是一致的[①]。关于补贴(DSUB)、利息率(DINT)和行业投资实际到位资金中国家预算资金占比(DBUD)这三个政策工具的解释变量构建,本书利用特定行业政策

[①] Beason和Weinstein(1996)的税收优惠是用行业平均税率减去特定行业实际税率来表示的,与本书的处理是一致的。

变量的原始值减去其相应变量的年度平均值得到，这样处理是为了去除行业的特定趋势，从而关注这些变量的相对变动对全要素生产率增长变动的影响。回归方程(6-1)中的下标 i 表示行业，t 表示年份，解释变量均采用滞后一期，因为政策发挥效果是有时滞的。θ_i 表示截面(行业)固定效应，用来控制不随时间变化的行业异质因素的影响，θ_t 表示时间(年份)固定效应，用来控制宏观经济周期波动和发生在各年份无法详细列举的其他事件所产生的综合影响，$\varepsilon_{i,t}$ 为随机误差项。

对模型(6-1)的回归结果见表 6.10，从第 1 列来看，关税的变动对全要素生产率的增长率具有负向影响，关税总体对全要素生产率的增长率具有正向影响，但前者的系数大于后者，综合来看，关税这一政策对全要素生产率的增长率具有负向影响。从第 2 列来看，补贴的变动对全要素生产率的增长率具有正向影响，当关税只用唯一变量表示时，其系数的符号变为负，与第 1 列的综合效果一致。从第 3 列来看，税收优惠对全要素生产率的增长率具有正向影响。从第 4 列和第 5 列来看，行业投资实际到位资金中国家预算资金占比和利息率这两个政策工具对全要素生产率的增长率并没有显著影响。从第 6 列来看，当把各政策变量同时考虑时，所有变量的影响都变得不显著，而五个政策变量总共只能解释全要素生产率的增长率变动的 10%，从而产业政策并没有实现促进生产率上升的作用。

表 6.10　　　　　　　　**产业政策对 TFP 增长率的影响**
　　　　　　　　　　　　　　　　(1998—2012)

变量	TFPG					
	(1)	(2)	(3)	(4)	(5)	(6)
DTAR(-1)	-0.00380***					-0.00602
	(0.00124)					(0.00849)
DSUB(-1)		0.0320**				-0.0726
		(0.0138)				(0.0627)
TAX(-1)			0.128*			0.257
			(0.0688)			(0.287)

续表

变量	TFPG					
	(1)	(2)	(3)	(4)	(5)	(6)
DBUD(-1)				0.0246		0.0262
				(0.334)		(0.372)
DINT(-1)					-0.945	2.875
					(0.658)	(2.302)
TAR(-1)	0.00227***	-0.00128**	-0.00142**	6.06e-05	-0.00183**	0.00598
	(0.000770)	(0.000564)	(0.000681)	(0.00140)	(0.000818)	(0.00745)
常数	-0.0134	0.0386***	0.0248	6.17e-05	0.0690**	-0.0692
	(0.00893)	(0.0127)	(0.0206)	(0.00873)	(0.0279)	(0.0713)
观测值	336	264	336	240	336	168
拟合度	0.096	0.128	0.098	0.053	0.102	0.099
CIP 行业编号	24	24	24	24	24	24

注：括号中的是稳健标准误，***表示在1%的水平上显著异于0，**表示在5%的水平上显著异于0，*表示在10%的水平上显著异于0。

为了检验以上回归结果的稳健性，本书采取了3种替代回归。第一，为了排除个别行业对结果的影响，我们重新估计模型(6.1)24次，每次排除一个行业，结果见表6.11，与表6.10中第6列的结果一致。第二，为了看是否存在大的制度变迁，我们将样本以国际金融危机为界分成两个子样本来进行回归，即1998—2007年，国际金融危机之前；2008—2012年，国际金融危机之后。正如表6.12显示的，第1列是基本回归的结果，第2、3列为两个子样本回归的结果，两个子样本回归的结果与基本回归的结果是一致的。其中金融危机之后，税收优惠对全要素生产率增长率的正向影响变得显著了①。第三，为了检验产业政策对全要素生产率的增长率的作用微弱是否在高增长的行业和低增长的行业都成立，我们将样本按照行业年平均总产出增长率高于或低于全部行业年平均总产出增长率划分为高

---

① 此处可能是由于回归没有包含补贴变量以及采用了时间趋势项导致的。

表6.11　产业政策对TFP增长率的影响（排除一个行业）(1998—2012)

变量	TFPG					
	(1)	(2)	(3)	(4)	(5)	(6)
DTAR(-1)	-0.00822	-0.00821	-0.00595	-0.00520	-0.00665	-0.00760
	(0.00941)	(0.00826)	(0.00860)	(0.00901)	(0.00870)	(0.00854)
DSUB(-1)	-0.0978	-0.0682	-0.0677	-0.0706	-0.0728	-0.0818
	(0.0967)	(0.0633)	(0.0663)	(0.0631)	(0.0635)	(0.0658)
TAX(-1)	0.0823	0.261	0.212	0.232	0.257	0.111
	(0.467)	(0.298)	(0.313)	(0.289)	(0.292)	(0.297)
DBUD(-1)	0.0278	-0.0707	-0.00816	0.0410	0.0196	0.175
	(0.386)	(0.369)	(0.366)	(0.375)	(0.381)	(0.364)
DINT(-1)	2.569	2.619	3.198	3.058	2.909	1.491
	(2.507)	(2.763)	(2.236)	(2.290)	(2.384)	(2.138)
TAR(-1)	0.00706	0.00733	0.00587	0.00616	0.00591	0.00789
	(0.00851)	(0.00739)	(0.00756)	(0.00794)	(0.00774)	(0.00751)
常数	-0.0472	-0.0762	-0.0574	-0.0676	-0.0690	-0.0681
	(0.0660)	(0.0725)	(0.0756)	(0.0735)	(0.0742)	(0.0744)
观测值	161	161	161	161	161	161
拟合度	0.115	0.105	0.095	0.101	0.099	0.121
CIP行业编号	23	23	23	23	23	23

续表

变量	TFPG					
	(7)	(8)	(9)	(10)	(11)	(12)
DTAR(−1)	−0.00627	−0.00614	−0.00628	−0.00679	−0.00723	−0.00881
	(0.00877)	(0.00869)	(0.00950)	(0.00865)	(0.00900)	(0.00897)
DSUB(−1)	−0.0724	−0.0724	−0.0726	−0.0705	−0.0729	−0.145
	(0.0627)	(0.0631)	(0.0629)	(0.0636)	(0.0638)	(0.0957)
TAX(−1)	0.254	0.248	0.252	0.236	0.279	0.657*
	(0.288)	(0.292)	(0.297)	(0.302)	(0.297)	(0.320)
DBUD(−1)	0.0237	0.0134	0.0214	−0.00211	0.00298	−0.227
	(0.375)	(0.374)	(0.379)	(0.375)	(0.382)	(0.441)
DINT(−1)	2.847	2.889	2.865	2.799	2.644	5.034
	(2.357)	(2.329)	(2.387)	(2.390)	(2.305)	(2.933)
TAR(−1)	0.00630	0.00642	0.00620	0.00694	0.00685	0.00812
	(0.00783)	(0.00776)	(0.00818)	(0.00767)	(0.00790)	(0.00786)
常数	−0.0713	−0.0715	−0.0711	−0.0737	−0.0795	−0.142
	(0.0736)	(0.0732)	(0.0735)	(0.0742)	(0.0770)	(0.0867)
观测值	161	161	161	161	161	161
拟合度	0.099	0.099	0.097	0.099	0.099	0.137
CIP 行业编号	23	23	23	23	23	23

续表

变量	TFPG					
	(13)	(14)	(15)	(16)	(17)	(18)
DTAR(-1)	-0.00636	-0.00660	-0.00595	-0.00625	-0.00641	-0.00667
	(0.00892)	(0.00888)	(0.00916)	(0.00902)	(0.00939)	(0.00879)
DSUB(-1)	-0.0725	-0.0728	-0.0759	-0.0732	-0.0719	-0.0722
	(0.0630)	(0.0632)	(0.0650)	(0.0642)	(0.0630)	(0.0630)
TAX(-1)	0.259	0.250	0.262	0.272	0.257	0.252
	(0.291)	(0.291)	(0.295)	(0.357)	(0.288)	(0.289)
DBUD(-1)	0.0258	0.0500	0.0274	0.0231	0.0278	0.0147
	(0.372)	(0.393)	(0.380)	(0.379)	(0.376)	(0.379)
DINT(-1)	2.835	2.741	3.010	2.893	2.800	2.825
	(2.324)	(2.367)	(2.412)	(2.330)	(2.333)	(2.325)
TAR(-1)	0.00624	0.00640	0.00630	0.00614	0.00626	0.00656
	(0.00783)	(0.00776)	(0.00792)	(0.00782)	(0.00803)	(0.00772)
常数	-0.0721	-0.0717	-0.0740	-0.0719	-0.0723	-0.0726
	(0.0755)	(0.0735)	(0.0758)	(0.0838)	(0.0751)	(0.0731)
观测值	161	161	161	161	161	161
拟合度	0.098	0.099	0.101	0.098	0.097	0.101
CIP行业编号	23	23	23	23	23	23

续表

变量	(19)	(20)	(21)	(22)	(23)	(24)
			TFPG			
DTAR(−1)	−0.00600	−0.00568	0.000904	−0.00577	−0.00308	−0.00483
	(0.00895)	(0.00895)	(0.00516)	(0.00829)	(0.00834)	(0.00822)
DSUB(−1)	−0.0726	−0.0732	−0.0687	−0.0727	−0.0194	−0.0778
	(0.0625)	(0.0629)	(0.0610)	(0.0629)	(0.0179)	(0.0642)
TAX(−1)	0.259	0.287	0.311	0.247	0.173	0.258
	(0.287)	(0.295)	(0.272)	(0.286)	(0.201)	(0.293)
DBUD(−1)	0.0125	0.0729	−0.154	0.0318	0.252	0.195
	(0.374)	(0.387)	(0.332)	(0.717)	(0.288)	(0.393)
DINT(−1)	2.970	2.990	3.474	2.982	1.486	4.052*
	(2.303)	(2.365)	(2.096)	(2.423)	(1.773)	(2.314)
TAR(−1)	0.00610	0.00573	0.000224	0.00610	0.00242	0.00519
	(0.00783)	(0.00776)	(0.00491)	(0.00729)	(0.00682)	(0.00728)
常数	−0.0703	−0.0714	−0.0285	−0.0694	−0.0386	−0.0594
	(0.0730)	(0.0743)	(0.0535)	(0.0719)	(0.0571)	(0.0703)
观测值	161	161	161	161	161	161
拟合度	0.101	0.104	0.144	0.096	0.048	0.112
CIP 行业编号	23	23	23	23	23	23

注：括号中的是稳健标准误，***表示在 1%的水平上显著异于 0，**表示在 5%的水平上显著异于 0，*表示在 10%的水平上显著异于 0。

增长行业和低增长行业两个子样本,然后利用模型(6-1)进行回归。从表6.12 的第 4、第 5 两列的结果可以看出,高增长行业和低增长行业与总体的结果是一致的,只是补贴的作用在高增长的行业变得显著,利息率的作用在低增长的行业变得显著。总的来说,三种替代回归证实了基本回归结果的稳健性,产业政策对全要素生产率的增长并没有显著影响。

表 6.12　　　稳健性检验:产业政策对 TFP 增长率的影响

变量	TFPG				
	1998—2012	1998—2007	2008—2012	1998—2012 Fast Growers	1998—2012 Slow Growers
DTAR(−1)	−0.00602	−0.0101	0.0516	−0.0227	0.000172
	(0.00849)	(0.0104)	(0.0789)	(0.0178)	(0.00754)
DSUB(−1)	−0.0726	−0.115		−0.191**	−0.0614
	(0.0627)	(0.0870)		(0.0757)	(0.0704)
TAX(−1)	0.257	0.148	0.860*	−0.127	0.296
	(0.287)	(0.443)	(0.440)	(0.219)	(0.510)
DBUD(−1)	0.0262	0.00557	−0.751	0.295	−0.702
	(0.372)	(0.375)	(1.458)	(0.260)	(0.545)
DINT(−1)	2.875	2.303	−1.615	1.714	4.311*
	(2.302)	(2.715)	(1.557)	(2.275)	(2.023)
TAR(−1)	0.00598	0.00888	−0.0412	0.0156	0.00124
	(0.00745)	(0.00836)	(0.0764)	(0.0151)	(0.00707)
常数	−0.0692	−0.0775	0.255	−0.118	−0.0276
	(0.0713)	(0.0854)	(0.580)	(0.116)	(0.106)
观测值	168	120	96	70	98
拟合度	0.099	0.166	0.092	0.158	0.159
CIP 行业编号	24	24	24	10	14

注:括号中的是稳健标准误,***表示在 1%的水平上显著异于 0,**表示在 5%的水平上显著异于 0,*表示在 10%的水平上显著异于 0。2008—2012 的回归中未包含补贴变量,因为补贴缺乏 2009—2011 年的数据,包含该变量会导致观测值不够无法回归,并且时间固定效应此处采用的时间趋势项而非虚拟变量,采用虚拟变量会导致 DTAR 因为多重共线性而估计不出来。

第六节　机制识别

发展经济学的理论指出，全要素生产率的提升主要依靠技术进步和资源再配置效率的提升。上述部分的结论显示产业政策并没有提升实施行业的全要素生产率，接下来我们来检验产业政策对行业研发投资增长的影响。

一、研发投资增长率变量的构建

我国于2016年7月公布了经过R&D资本化处理的支出法GDP数据，通过比较固定资本形成总额在调整前与调整后的差额，可以计算出官方公布的全国层面的当期R&D投资数据，但是目前并没有分行业的R&D投资数据。本书参考江永宏和孙凤娥（2016）估计全国层面R&D资本存量的处理方法，构建分行业的R&D投资序列。根据我国R&D科技统计调查制度，R&D活动按执行部门可分为企业、研究与开发机构、高校以及其他。由于本书考察的是工业领域的产业政策对全要素生产率增长的影响，而且本书主要是依据规模以上工业企业数据库来构建的产业政策变量，所以本书构建R&D投资序列主要关注工业企业。根据《弗拉斯卡蒂手册》和我国R&D科技统计调查制度，与R&D投资概念最相近的统计概念是R&D内部经费支出，尽管这两者也存在一定的区别（江永宏和孙凤娥，2016）。由于本书接下来主要是分析产业政策对行业研发投资增长率的影响，行业R&D投资增长率与R&D内部经费支出增长率基本是保持一致的，所以本书利用R&D内部经费支出来近似替代R&D投资。

计算分行业R&D内部经费支出的基础数据，来源于我国的R&D科技统计调查，可从历年的《中国科技统计年鉴》和《工业科技统计年鉴》获取有关数据。另外，我国分别于2000年和2009年开展了两次全国R&D资源清查，提供了翔实的R&D活动相关统计资料。本书各主要变量构建采用的都是CIP（中国产业生产率数据）行业分类，该行业分类主要是以《国民经济行业分类》(GB/T4754—2002)为基础,而本书考虑的时间段为1998—2012年,我国在该时间段内分别实施过三个行业分类标准,即《国民经济行业分类和代码》(GB/T4754—94)、《国民经济行业分类》(GB/T4754—2002)、《国民经济行业分类》(GB/T4754—2011),为了保持行业分类的一致性,我们首先分别将采用1994年和2011年标准的年份调整为2002年标准,然后再统一调整为CIP标准。

《中国科技统计年鉴》给出了从1995年开始的大中型工业企业R&D内部经费支出,同时也给出了2004年、2008年、2009年、2011年及以后年份的规模以上工业企业R&D内部经费支出。其中,大中型工业企业是基于工业统计的大中小微型企业分类,根据《统计上大中小微型企业划分办法》,从业人员1000人及以上,且营业收入40000万元及以上的工业企业为大型企业;从业人员300人至1000人(不含1000人),且营业收入2000万元至40000万元(不含40000万元)的工业企业为中型企业。其中,工业的营业收入采用主营业务收入。而规模以上工业企业是基于规模以上和规模以下工业分类,从1998年开始,国家统计局将全部工业统计调查单位划分为规模以上工业和规模以下工业两大部分。1998年至2005年,规模以上工业包括全部国有工业企业和年产品销售收入500万元及以上的非国有工业企业;规模以下工业包括年产品销售收入500万元以下的非国有工业企业和个体工业经营户。2006年,国家统计局对这一标准进行了修订,规模以上工业的范围改为年主营业务收入500万元及以上的工业企业,规模以下工业改为年主营业务收入500万元以下的工业企业和个体工业经营户。2010年,国家统计局对这一标准又进行了修订,规模以上工业的范围修订为年主营业务收入2000万元及以上的工业企业,规模以下工业修订为年主营业务收入2000万元以下的工业企业和个体工业经营户(许宪春,2016)。在本书的考察期内,规模以上工业企业的调查范围出现了两次变化,而大中型工业企业的调查范围前后是一致的,由于需要计算行业R&D投资增长率,选择变量的调查范围前后一致是保障结果可比的前提,所以本书选择按照大中型工业企业的分类来计算各行业R&D投资增长率。

根据分行业 R&D 内部经费支出数据的直接可得性与行业分类标准的变化，本书分阶段来构建数据序列。

2012 年是样本中唯一采用 2011 年行业分类标准的年份，并且《中国科技统计年鉴》有按行业分规上工业企业 R&D 内部经费支出的详细数据，故直接采用年鉴上的数据，但是根据 2011 年行业分类标准和 2002 年行业分类标准的联系来进行调整。2012 年由于新增加了开采辅助活动从而需要进行调整，开采辅助活动指为煤炭、石油和天然气等矿物开采提供的服务，包括煤炭开采和洗选辅助活动、石油和天然气开采辅助活动、其他开采辅助活动，故本书利用煤炭开采和洗选业、石油和天然气开采业的经费结构来分摊辅助活动的经费，从而使 2012 年的行业划分与之前年份保持一致。为了保持采矿业的总体和各细分行业之和保持相等，其他采矿业经费支出用采矿业总体经费支出减去其他各细分行业的经费支出得出。金属制品、机械和设备修理业也是 2011 年行业分类新增的，是从金属制品业，通用设备制造业，专用设备制造业，汽车制造业，铁路、船舶、航空航天和其他运输设备制造业，电气机械和器材制造业，计算机、通信和其他电子设备制造业，仪器仪表制造业中分离出来的一部分，故本书利用以上这些行业的经费结构来分摊金属制品、机械和设备修理业的经费。由于 2011 年行业分类将交通运输设备制造业拆分为汽车制造业，铁路、船舶、航空航天和其他运输设备制造业两个行业，本书将 2012 年这两个行业的数据重新合并为交通运输设备制造业。2011 年行业分类中仪器仪表制造业对应 2002 年行业分类中的仪器仪表及文化、办公用机械制造业，但是少了文化、办公用机械制造部分，这部分被并入了通用设备制造业，为了与之前数据保持可比性，本书将 2012 年的通用设备制造业和仪器仪表制造业数据合并，然后按照 2011 年通用设备制造业与仪器仪表及文化、办公用机械制造业的结构来分劈出对应的可比行业数据。2011 年行业分类中其他制造业对应 2002 年行业分类中的工艺品及其他制造业，同时 2011 年行业分类中文教、工美、体育和娱乐用品制造业对应 2002 年行业分类中的文教体育用品制造业，相当于 2011 年行业分类将工艺品制造业从其他制造业调整到文教体育用品制造业，根据 CIP 的行业分类标准，本书将这两个行业和废弃资源综合利用业合并，构成 CIP 的其他制造业。最后，以 2012 年大中型工业企业 R&D 内部经费支出总额为控制总额，根据以上步骤调整形成的分行业规上工业企业 R&D 内部经费支出的结构来分劈形成分行业大中型工业企业 R&D 内部经费支出。

2003—2011 年是样本中采用 2002 年行业分类标准的年份，并且《中国科技统计年鉴》有按行业分规上工业企业或大中型工业企业 R&D 内部经费支出的详细数据，故直接采用年鉴上的数据。2002 年行业分类中橡胶制品业和塑料制品业是两个独立的行业，2011 年行业分类将其合并为橡胶和塑料制品业，并且 CIP 行业分类也是采用的橡胶和塑料制品业，所以我们将 2003—2011 年的橡胶制品业和塑料制品业合并为橡胶和塑料制品业。为了使工业的总体和各细分行业之和保持相等，原始数据中这两者的缺口归入废弃资源和废旧材料回收加工业。根据 CIP 的行业分类标准，将工艺品及其他制造业，文教、体育和娱乐用品制造业，以及废弃资源和废旧材料回收加工业合并为 CIP 的其他制造业。最后，对于原始数据是以规上工业企业为调查范围的，以同年度大中型工业企业 R&D 内部经费支出总额为控制总额，根据以上步骤调整形成的分行业规上工业企业 R&D 内部经费支出的结构来分劈形成分行业大中型工业企业 R&D 内部经费支出。

2001—2002 年采用 1994 年行业分类标准，并且《中国科技统计年鉴》有大中型工业企业总体和按行业分大中型制造业企业 R&D 内部经费支出的详细数据，故制造业直接采用年鉴上的数据，采矿业，电力、热力、燃气及水生产和供应业分行业数据的构建则利用科技活动经费内部支出的信息。科技活动的定义是在科学技术领域中与科技知识的产生、发展、传播和应用密切相关的有组织的活动。为核算科技投入的需要，科技活动可分为：科学研究与试验发展（R&D）、科学研究与试验发展成果应用及相关的科技服务三类活动（国家统计局和国家科技部，1991）。所以科技活动内部经费支出要包括 R&D 内部经费支出。数值上要大于 R&D 内部经费支出。

由于科技活动和研究与试验发展(R&D)关系密切,故本书假定科技活动内部经费支出和研究与试验发展(R&D)内部经费支出的行业结构是一样的,从而对于无法直接获取分行业 R&D 内部经费支出原始数据的年份,本书采取以当年大中型工业企业 R&D 内部经费支出总额为控制总额,以科技活动经费内部支出的结构来分劈形成分行业大中型工业企业 R&D 内部经费支出,对于 2001—2002 年的采矿业,电力、热力、燃气及水生产和供应业分行业数据的构建就依据这一方法。1994 年行业分类与 2002 年行业分类在工业领域基本一致,1994 年行业分类多武器弹药制造业,但由于 2001—2002 年按行业分大中型制造业企业 R&D 内部经费支出中这一行业的数据为 0,而 2002 年之后的行业都不存在该行业,所以本书假定该行业的 R&D 内部经费支出为 0,从而不予考虑。1994 年行业分类少废弃资源和废旧材料回收加工业,但是由于其后大部分年份这一行业的 R&D 内部经费支出为 0,故本书假定在 2002 年及之前的年份该行业的 R&D 内部经费支出均为 0,并且根据 CIP 的行业分类标准,将其他制造业和文教体育用品制造业合并为 CIP 的其他制造业。另外,1994 年行业分类中采矿业中包含木材及竹材采选业,而从 2002 年行业标准开始木材及竹材采选业就划归农、林、牧、渔业了,所以本书将 2001—2002 年木材及竹材采选业的 R&D 内部经费支出剔除。类似 2003—2011 年的处理,将 2001—2002 年的橡胶制品业和塑料制品业合并为橡胶和塑料制品业。

2000 年采用 1994 年行业分类标准,当年的全国 R&D 资源清查资料提供了分行业全部工业企业口径的 R&D 内部经费支出,在行业调整方面依据 2001—2002 年的处理。最后,以 2000 年大中型工业企业 R&D 内部经费支出总额为控制总额,根据以上步骤调整形成的分行业全部工业企业 R&D 内部经费支出的结构来分劈形成分行业大中型工业企业 R&D 内部经费支出。

1997—1999 年采用 1994 年行业分类标准,但是《中国科技统计年鉴》并没有提供分行业的 R&D 内部经费支出的信息,故采取以当年大中型工业企业 R&D 内部经费支出总额为控制总额，以科技活动经费内部支出的结构来分劈形成分行业大中型工业企业 R&D 内部经费支出，行业调整依据 2001—2002 年的处理。

最后，对 1997—2012 年分行业大中型工业企业 R&D 内部经费支出的序列依据 CIP 行业分类标准进行调整，从而形成 CIP 标准的分行业大中型工业企业 R&D 内部经费支出序列。由于本书最终需要的变量为研发投资的增长率，以上步骤计算的相当于名义的研发投资，所以本书借鉴江永宏和孙凤娥(2016)计算的全国层面的 R&D 投资价格指数来平减出分行业不变价研发投资，进而计算研发投资增长率。

二、产业政策对研发投资的影响

为了检验产业政策对行业的研发投资增长率的影响，本书构建类似于模型(6-1)的计量模型(6-2)：

$$\text{RDG}_{i,t} = \beta_0 + \beta_1 \text{DTAR}_{i,t-1} + \beta_2 \text{DSUB}_{i,t-1} + \beta_3 \text{TAX}_{i,t-1} + \beta_4 \text{DBUD}_{i,t-1} \\ + \beta_5 \text{DINT}_{i,t-1} + \beta_6 \text{TAR}_{i,t-1} + \theta_i + \theta_t + \varepsilon_{i,t} \quad (6\text{-}2)$$

其中，被解释变量将模型(6-1)中的全要素生产率增长率(TFPG)改为了研发投资增长率(RDG)，其余变量的含义与模型(6-1)中一样。

从表 6.13 的结果可以看出，产业政策工具对研发投资增长基本上没有显著影响，只有利息率对研发投资的增长率呈现显著的负向影响，由于利息率越高的行业代表的是产业政策越不偏好的行业，所以利息率这一指标体现了产业政策对研发投资增长的正向影响。其他的政策变量尽管对研发投资增长没有显著影响，从符号上来看，补贴和税收优惠对研发投资增长的作用是正向的，而根据产业政策工具之间的相关关系，补贴、税收优惠与利息率之间都呈现显著的正向关系，由于产业政策工具之间缺乏协调性，从而使得产业政策的运用并没有提升被挑选行业的研发水平，所以产业政策的实施对全要素生产率的增长没有影响。

第六章 产业政策对全要素生产率增长作用机制的研究

表 6.13　　产业政策对研发投资增长的影响

变量	RDG					
	(1)	(2)	(3)	(4)	(5)	(6)
DTAR(-1)	0.00723					-0.00350
	(0.00964)					(0.0464)
DSUB(-1)		0.0270				0.132
		(0.0403)				(0.132)
TAX(-1)			-0.0610			0.983
			(0.543)			(2.019)
DBUD(-1)				-0.395		-0.234
				(2.072)		(2.335)
DINT(-1)					-5.748**	-19.15***
					(2.535)	(5.808)
TAR(-1)	0.00150	0.00914	0.00867	0.0213	0.00685	0.0191
	(0.00654)	(0.00617)	(0.00518)	(0.0224)	(0.00481)	(0.0595)
常数	0.246**	0.118	0.140	0.125	0.257**	-0.0496
	(0.0921)	(0.107)	(0.139)	(0.152)	(0.103)	(0.309)
观测值	336	264	336	240	336	168
拟合度	0.037	0.030	0.037	0.054	0.043	0.071
CIP 行业编号	24	24	24	24	24	24

注：括号中的是稳健标准误，***表示在1%的水平上显著异于0，**表示在5%的水平上显著异于0，*表示在10%的水平上显著异于0。

三、产业政策选择目标行业的决策因素

产业政策的实施不能促进企业的研发投资，从而对全要素生产率的增长没有显著影响，一方面是由于传统的选择性产业政策在支持"幼稚产业"的发展方面政府存在认知能力的限制（张维迎，2016），另一方面"挑选赢家"的模

型在我国的实践过程中体现出强烈的直接干预市场、以政府选择代替市场机制和限制竞争的管制性特征和浓厚的计划经济色彩(江飞涛和李晓萍,2010),这种"干预型产业政策"强调保国企压民营,所有制的歧视未能消除,市场主体的不平等被固化(吴敬琏等,2016)。接下来我们来实证检验我国实施产业政策时挑选行业的决策因素。

本书选择行业内国有企业比重(SOE)、出口比重(EXP)、增长率(Growth)和TFP增长率(TFPG)作为主要解释变量来检验产业政策在目标行业选择上的决策因素。其中,国有企业比重利用国有企业就业人数占行业总就业人数的比重来表示,出口比重利用行业出口额占行业总产出的比重来表示,行业增长率利用行业当年不变价总产出相比上一年度不变价总产出的增长率来表示,行业TFP增长率利用行业当年相对于上一年的TFP增长率。被解释变量分别为五个政策变量的原始值,此处由于是检验政策实施的决策因素,故不需要用差分形式来表示。详见表6.14。

表6.14　　　　　　产业政策选择目标行业的决策因素

变量	关税	补贴	税收优惠	投资实际到位资金中国家预算资金占比	利息率
国有企业比重	−22.37	−0.0150	0.0902*	0.187**	0.0178
	(16.36)	(0.594)	(0.0477)	(0.0871)	(0.0136)
出口比重	1.328	0.160*	0.0147***	−0.00437	0.000206
	(1.555)	(0.0851)	(0.00392)	(0.00329)	(0.00122)
增长率	−0.0152	−0.515	−0.0150	−0.000472	0.00232
	(2.345)	(0.313)	(0.0114)	(0.00541)	(0.00231)
TFP增长率	−10.44	1.864	0.0459	0.00259	−0.00283
	(7.871)	(1.255)	(0.0354)	(0.0119)	(0.00868)
常数	10.76***	0.496*	0.110***	−0.0282	0.0226***
	(3.258)	(0.261)	(0.0124)	(0.0188)	(0.00260)

续表

变量	关税	补贴	税收优惠	投资实际到位资金中国家预算资金占比	利息率
观测值	312	264	312	216	312
拟合度	0.583	0.189	0.300	0.363	0.704
CIP 行业编号	24	24	24	24	24

注：括号中的是稳健标准误，***表示在1%的水平上显著异于0，**表示在5%的水平上显著异于0，*表示在10%的水平上显著异于0。

从表 6.14 可以看出，行业增长率对产业政策变量均无显著影响，说明我国在实施产业政策时并没有挑选出高速增长的行业，这与典型事实是一致的。同时，行业的 TFP 增长率对产业政策变量也均无显著影响，说明我国在实施产业政策时并未挑选出效率高的行业。而国有企业比重对税收优惠和行业投资实际到位资金中国家预算资金占比有显著的正向影响，另外出口比重对补贴和税收优惠有显著的正向影响，说明我国在产业政策实施时遵循的是特惠模式（白重恩，2016）。中国产业政策的一大特征就是保护和扶持中央企业或地方大型国有企业，制定有利于这些企业的准入条件，且严格限制新企业进入（江飞涛和李晓萍，2010）。在信贷配置方面的产业政策一直对国企有倾向性，从 20 世纪 90 年代开始，政府越来越依靠银行信贷的手段替代直接补贴对国有企业进行救助（Cull and Xu，2003），而大量研究都指出国企在信贷获取的成本上要远低于民营企业（Dollar and Wei，2007；Hsieh and Klenow，2009）。中国的间接税税收优惠的主要受益者都是国有企业和三资企业，尤其是国有独资企业和外资企业受到了优惠政策的重点照顾（高培勇和毛捷，2013），而获得企业所得税税收优惠的企业国有股权的比重明显更高（吴联生，2009）。同时，国有企业整体上比民营企业获得更高的政府补贴（孔东明等，2013）。中国过去四十多年经济的高速发展具有明显的"出口导向"特征，中国的出口总额从 1980 年至 2014 年平均增长率约13%,其中,1998—2007年的年平均增长率为21.5%;占全球出口总额的比例从1980年的1.7%增长到2012年的11.2%(陈钊和熊瑞祥,2015)。对于出口企业,在增值税上享受出口退税的长期优惠,并且受国际金融危机的影响,2008年到2009年,中国政府先后7次调高部分商品的出口退税率(白重恩等,2011);为了鼓励扩大外贸出口,中国成立出口加工区,区内企业除了销售出口退税政策外,还能享受到地方政府提供的企业所得税与水、电、气等优惠政策(陈钊和熊瑞祥,2015)。补贴也是政府为了促进出口而广泛采用的一种产业政策,中国企业补贴总额从2000年的315亿元增加到2006年的825亿元,补贴企业占总企业的比例为12%,其中出口企业的补贴比例高达17%(施炳展等,2013)。

四、产业政策的特惠模式对研发投资的影响

我国在产业政策实施过程中采取的特惠模式对研发投资有什么影响?支持国企和鼓励出口的政策是否对研发投资的效果是一致的?对于这个问题的回答需要我们进一步通过实证来检验。

首先,我们检验产业政策通过支持国企这一特惠渠道对行业研发投资增长率的影响。主要是在模型(6-2)的基础上引入各解释变量与国有企业比重(SOE)的交叉项,从而构建模型(6-3):

$$\begin{aligned}
\text{RDG}_{i,t} = & \beta_0 + \beta_1 \text{DTAR}_{i,t-1} + \beta_2 \text{DSUB}_{i,t-1} + \beta_3 \text{TAX}_{i,t-1} + \beta_4 \text{DBUD}_{i,t-1} \\
& + \beta_5 \text{DINT}_{i,t-1} + \beta_6 \text{TAR}_{i,t-1} + \beta_7 \text{SOE}_{i,t-1} + \gamma_1 \text{DTAR}_{i,t-1} \cdot \text{SOE}_{i,t-1} \\
& + \gamma_2 \text{DSUB}_{i,t-1} \cdot \text{SOE}_{i,t-1} + \gamma_3 \text{TAX}_{i,t-1} \cdot \text{SOE}_{i,t-1} \\
& + \gamma_4 \text{DBUD}_{i,t-1} \cdot \text{SOE}_{i,t-1} + \gamma_5 \text{DINT}_{i,t-1} \cdot \text{SOE}_{i,t-1} \\
& + \gamma_6 \text{TAR}_{i,t-1} \cdot \text{SOE}_{i,t-1} + \theta_i + \theta_t + \varepsilon_{i,t}
\end{aligned} \tag{6-3}$$

为了对回归结果的稳健性进行检验,我们将样本以国际金融危机为界分成两个子样本来进行回归,同时我们也将样本按照行业年平均总产出增长率高于或低于全部行业年平均总产出增长率划分为高增长行业和低增长行业两个子样本来进行回归。

表6.15列出了基准回归和稳健性检验的结果,其中第一列为基准回归的

结果，关税的变动与国企比重的交叉项对研发投资的增长呈现显著的负向影响，关税总体与国企比重的交叉项对研发投资的增长呈现显著的正向影响，但前者的系数大于后者，综合来看，关税与国企比重的交叉项对研发投资的增长具有负向影响。这意味着在国企比重更高的行业提升以关税为基础的贸易保护会显著降低行业的研发投资。补贴与国企比重的交叉项对研发投资的增长也呈现显著的负向影响，意味着对国企比重更高的行业增加补贴会显著降低行业的研发投资。这主要有三方面的原因：一是因为国家给国企提供补贴的动机往往是解决企业亏损（孔东民等，2013），国企由于存在政策性负担和预算软约束（林毅夫和李志赟，2004），所以补贴往往会帮助国企应对竞争的冲击，反而减少靠研发与创新去提升经济绩效的压力。二是政府对国企的政策性补贴往往会造成严重的产能过剩（耿强等，2011），从而导致行业盈利能力的恶化，抑制潜在进入者的进入，从而抑制了行业创新行为。三是政府对国企的补贴使得国企进一步扩大投资（耿强等，2011），国企凭借其在银行信贷市场上的所有制优势（Dollar and Wei，2007），从而推高利率而增加非补贴企业的融资成本，抑制了非补贴企业的研发投资。其他产业政策与国企比重的交叉项的回归系数尽管不显著，但是从方向来看都对研发投资的增长有负向的影响。从基准回归的结果，我们可以得出这样的结论，我国产业政策通过支持国企这一特惠渠道对行业研发投资的增长是有不利影响的，会造成资源的错配，不利于行业生产率的提高。我国的选择性产业政策往往带有强烈的直接干预市场的特征，以上这些政策与行业准入和投资核准等限制竞争的行政性进入壁垒是紧密联系的，在支持和保护国企的同时，往往是限制和打压民营企业的发展，这会使得被选定的国企既缺乏来自市场内的竞争压力，又不用面对潜在进入者所形成的竞争压力，从而丧失创新的动力（江飞涛和李晓萍，2010），并且这种对国企的支持和保护，还会挤出有效率的民营企业，从而对民营企业的研发投资产生负面影响。国际金融危机以前的子样本与国际金融危机以后的子样本在回归结果上与基准回归基本一致。对于低增长的行业基准回归的结果依然成立，对于高增长的行业，各政策变量与国企比重交叉项的系数符号基本一致，不太一致的是补贴与国企比重的交叉项对研发投资的增长变为显著的正向影响。这可能是由于高增长的行业，国有企业的盈利能力普遍更高，政府不是为了应对其亏损而进行补贴，而是通过创新补贴提升了专用性人力资本（安同良等，2009），从而提高了研发投资。

表6.15　产业政策通过支持国企对研发投资增长的影响

变量	RDG				
	1998—2012	1998—2007	2008—2012	1998—2012 高增长行业	1998—2012 低增长行业
DTAR(−1)	−0.00125	−0.0425	5.402***	0.0851	−0.0714
	(0.0667)	(0.0789)	(1.474)	(0.0952)	(0.0926)
DSUB(−1)	0.760*	1.469***		−2.357**	1.336**
	(0.376)	(0.260)		(0.793)	(0.448)
TAX(−1)	5.804	11.75	1.135	6.521	10.64
	(5.321)	(9.130)	(3.736)	(7.679)	(9.641)
DBUD(−1)	3.009	3.354	−14.89	6.094	3.610
	(6.665)	(7.121)	(14.55)	(10.10)	(14.71)
DINT(−1)	−3.386	−47.10	−42.53*	−29.06	15.36
	(20.78)	(40.25)	(21.08)	(28.22)	(24.09)
TAR(−1)	0.0400	0.0752	−5.412***	−0.0257	0.137
	(0.0947)	(0.116)	(1.477)	(0.0554)	(0.135)
SOE(−1)	−4.065	−5.196	−8.912*	−1.703	−7.166*
	(2.521)	(4.706)	(4.324)	(5.125)	(3.908)
DTAR·SOE(−1)	−0.264**	−0.404*	−1.449**	−0.208	−0.409***
	(0.119)	(0.203)	(0.610)	(0.555)	(0.129)
DSUB·SOE(−1)	−1.461*	−2.838***		10.28**	−2.462***
	(0.760)	(0.517)		(4.222)	(0.782)
TAX·SOE(−1)	−9.817	−20.20	−6.104	−9.627	−21.06
	(8.186)	(14.12)	(8.033)	(20.77)	(14.25)

续表

变量	RDG				
	1998—2012	1998—2007	2008—2012	1998—2012 高增长行业	1998—2012 低增长行业
DBUD·SOE (−1)	−1.931	−3.794	23.37	−15.26	−4.108
	(12.12)	(14.93)	(24.73)	(22.27)	(16.81)
DINT·SOE (−1)	−48.33	−6.094	−7.179	15.85	−83.22
	(37.86)	(66.83)	(29.95)	(80.76)	(48.98)
TAR·SOE (−1)	0.167*	0.255**	1.365**	0.160	0.161
	(0.0955)	(0.107)	(0.541)	(0.502)	(0.0986)
常数	0.163	−0.611	45.16***	−0.0849	0.327
	(0.640)	(1.080)	(12.06)	(0.886)	(1.146)
观测值	168	120	96	70	98
拟合度	0.134	0.197	0.309	0.293	0.251
CIP 行业编号	24	24	24	10	14

注：括号中的是稳健标准误，*** 表示在1%的水平上显著异于0，** 表示在5%的水平上显著异于0，* 表示在10%的水平上显著异于0。2008—2012 的回归中未包含补贴变量，因为补贴缺乏 2009—2011 年的数据，包含该变量会导致观测值不够无法回归，并且时间固定效应此处采用的时间趋势项而非虚拟变量，采用虚拟变量会导致 DTAR 因为多重共线性而估计不出来。

接下来我们检验产业政策通过鼓励出口这一特惠渠道对行业研发投资增长率的影响。主要是在模型(6-2)的基础上引入各解释变量与出口比重(EXP)的交叉项，从而构建模型(6-4)：

$$\begin{aligned} \text{RDG}_{i,t} = & \beta_0 + \beta_1 \text{DTAR}_{i,t-1} + \beta_2 \text{DSUB}_{i,t-1} + \beta_3 \text{TAX}_{i,t-1} + \beta_4 \text{DBUD}_{i,t-1} \\ & + \beta_5 \text{DINT}_{i,t-1} + \beta_6 \text{TAR}_{i,t-1} + \beta_7 \text{EXP}_{i,t-1} + \gamma_1 \text{DTAR}_{i,t-1} \cdot \text{EXP}_{i,t-1} \\ & + \gamma_2 \text{DSUB}_{i,t-1} \cdot \text{EXP}_{i,t-1} + \gamma_3 \text{TAX}_{i,t-1} \cdot \text{EXP}_{i,t-1} \\ & + \gamma_4 \text{DBUD}_{i,t-1} \cdot \text{EXP}_{i,t-1} + \gamma_5 \text{DINT}_{i,t-1} \cdot \text{EXP}_{i,t-1} \\ & + \gamma_6 \text{TAR}_{i,t-1} \cdot \text{EXP}_{i,t-1} + \theta_i + \theta_t + \varepsilon_{i,t} \end{aligned} \quad (6-4)$$

第六节 机制识别

为了对回归结果的稳健性进行检验,我们将样本以国际金融危机为界分成两个子样本来进行回归,同时我们也将样本按照行业年平均总产出增长率高于或低于全部行业年平均总产出增长率划分为高增长行业和低增长行业两个子样本来进行回归。

表 6.16 列出了基准回归和稳健性检验的结果,其中第一列为基准回归的结果,补贴与出口比重的交叉项对研发投资的增长呈现显著的正向影响,意味着对出口比重更高的行业增加补贴会显著提升行业的研发投资,这可能是因为出口企业往往面临的外部市场竞争比较激烈,出口企业在获取补贴后会将一部分补贴投入到研发和创新上去,以增长其竞争能力。而前一节的结论也显示,出口比重更高的行业获得更多的补贴,说明补贴通过鼓励出口这一特惠渠道对行业研发投资的增长产生了有利影响。其他政策变量与出口比重的交叉项对研发投资的增长均无显著影响。国际金融危机以前的子样本在回归结果上与基准回归基本一致。国际金融危机以后的子样本由于未包含补贴变量,故无法检验补贴通过出口比重的影响,但是其余变量通过出口比重的影响均不显著,这与基准回归是一致的。对于低增长的行业基准回归的结果依然成立,对于高增长的行业,其他各政策变量与出口比重交叉项的影响基本不显著,补贴与出口比重的交叉项对研发投资的增长变得无显著影响,这说明我们需要谨慎对待补贴促进出口企业研发的结论,如陈林和朱卫平(2008)指出降低低技术品出口退税率反而能够促进创新,施炳展等(2013)也指出补贴只是提升了中国企业出口总量和数量,但降低了出口价格。

表6.16　产业政策通过鼓励出口对研发投资增长的影响

变量	RDG				
	1998—2012	1998—2007	2008—2012	1998—2012 高增长行业	1998—2012 低增长行业
DTAR(−1)	0.0764	0.107	5.441***	0.122	0.0955
	(0.0467)	(0.0939)	(1.289)	(0.0982)	(0.110)

续表

变量	RDG				
	1998—2012	1998—2007	2008—2012	1998—2012 高增长行业	1998—2012 低增长行业
DSUB(-1)	-0.127	-0.245**		0.604	-0.161
	(0.116)	(0.0902)		(0.751)	(0.145)
TAX(-1)	2.613	5.335	0.492	5.317	-2.951
	(2.117)	(3.835)	(1.875)	(2.985)	(3.453)
DBUD(-1)	-0.260	-1.103	-3.308	0.861	-0.201
	(1.835)	(2.795)	(6.189)	(2.279)	(4.332)
DINT(-1)	-4.454	-1.593	-30.23***	-35.72	-1.520
	(7.941)	(19.93)	(6.774)	(33.68)	(17.40)
TAR(-1)	-0.0527	-0.0545	-5.457***	-0.0725	-0.0711
	(0.0401)	(0.0629)	(1.282)	(0.0728)	(0.0849)
EXP(-1)	-2.015	0.541	1.056	0.454	-16.46
	(1.722)	(2.262)	(3.038)	(1.271)	(9.466)
DTAR·EXP(-1)	-0.295	-0.439	0.370	-0.134	-0.534
	(0.176)	(0.354)	(0.526)	(0.138)	(0.384)
DSUB·EXP(-1)	4.618**	6.989***		-3.026	6.125***
	(1.786)	(0.953)		(3.763)	(1.124)
TAX·EXP(-1)	0.852	-14.40	-3.187	-13.31	66.89
	(5.022)	(21.71)	(7.606)	(12.02)	(39.94)
DBUD·EXP(-1)	-8.659	4.387	-11.59	0.393	-36.85
	(16.04)	(18.85)	(33.79)	(7.613)	(56.84)
DINT·EXP(-1)	15.86	4.814	-75.73	20.06	114.2
	(55.54)	(87.63)	(55.86)	(35.18)	(102.2)
TAR·EXP(-1)	0.254	0.177	-0.117	0.227*	0.302
	(0.202)	(0.244)	(0.558)	(0.113)	(0.290)

续表

变量	RDG				
	1998—2012	1998—2007	2008—2012	1998—2012 高增长行业	1998—2012 低增长行业
常数	0.333	-0.0586	45.96***	0.0218	2.253
	(0.356)	(0.408)	(10.64)	(0.351)	(1.307)
观测值	168	120	96	70	98
拟合度	0.152	0.215	0.294	0.367	0.289
CIP 行业编号	24	24	24	10	14

注：括号中的是稳健标准误，*** 表示在1%的水平上显著异于0，** 表示在5%的水平上显著异于0，* 表示在10%的水平上显著异于0。2008—2012 的回归中未包含补贴变量，因为补贴缺乏 2009—2011 年的数据，包含该变量会导致观测值不够无法回归，并且时间固定效应此处采用的时间趋势项而非虚拟变量，采用虚拟变量会导致 DTAR 因为多重共线性而估计不出来。

通过以上分析，我们发现产业政策实施过程中采取支持国企和鼓励出口的特惠模式资源配置效果是不同的。支持国企的特惠渠道显著降低行业的研发投资，不利于行业生产率的提升，而鼓励出口的特惠渠道则不存在降低行业研发投资的效果。

第七节　结论性评述

本书揭示了从20世纪90年代末一直到国际金融危机之后的我国产业政策实施效果，并且进一步从特惠模式的角度来识别产业政策对生产率发生影响的机制。通过研究我们发现以下几点结论：

第一，"挑选赢家"的选择性产业政策并没有挑选出增长率高的行业，而且产业政策的实施也没有促进行业增长率的提升。

第二，选择性产业政策对全要素生产率的增长并没有起到促进作用，不论是在国际金融危机之前还是之后，并且在高增长率行业与低增长率行业均保持一致。

第三,通过构建行业研发投资序列,揭示了选择性产业政策对全要素生产率的增长无影响的机制,选择性产业政策并没有促进行业的研发投资增长。

第四,通过考察选择性产业政策实施的决策因素,揭示了我国产业政策实施存在明显的特惠模式,即"支持国企"和"鼓励出口"。

第五,进一步分析了"支持国企"和"鼓励出口"这两种特惠模式在影响资源配置方面的异质性,前者会降低行业研发投资,而后者并没有表现出这种影响,从而体现出"支持国企"的特惠渠道会造成动态的资源错配。

通过本书的研究,我们认为,为了更好地推进供给侧结构性改革,让市场在资源配置中发挥决定性作用,也更好地发挥政府的作用,我国需要将产业政策的实施向功能性产业政策方向转型,以加强市场的竞争性(Aghion et al.,2015;吴敬琏等,2016)。

参 考 文 献

安体富. 2002. 如何看待近几年我国税收的超常增长和减税的问题[J]. 税务研究(8):10-17.

安同良,周绍东,皮建才. 2009. R&D补贴对中国企业自主创新的激励效应[J]. 经济研究(10):87-98.

白重恩,钱震杰. 2009. 国民收入的要素分配:统计数据背后的故事[J]. 经济研究(3):27-41.

白重恩,王鑫,钟笑寒. 2011. 出口退税政策调整对中国出口影响的实证分析[J]. 经济学(季刊)(10):799-820.

白重恩. 2016. 从特惠到普惠,完善中国经济发展的制度基础[J]. 企业家日报.

曹广忠,袁飞,陶然. 2007. 土地财政、产业结构演变与税收超常规增长——中国"税收增长之谜"的一个分析视角[J]. 中国工业经济(12):13-21.

陈斌开,金箫,欧阳涤非. 2015. 住房价格、资源错配与中国工业企业生产率[J]. 世界经济(4):77-98.

陈冬华,李真,新夫. 2010. 产业政策与公司融资——来自中国的经验证据[M]//中国会计与财务问题研究国际研讨会论文集.

陈林,朱卫平. 2008. 出口退税和创新补贴政策效应研究[J]. 经济研究(11):74-87.

陈瑾玫. 2011. 中国产业政策效应研究[M]. 北京:北京师范大学出版社.

陈晓光. 2013. 增值税有效税率差异与效率损失——兼议对"营改增"的启

示[J]. 中国社会科学(8): 67-84.

陈晓光. 2016. 财政压力、税收征管与地区不平等[J]. 中国社会科学(4): 53-70.

陈永伟, 胡伟民. 2011. 价格扭曲、要素错配和效率损失: 理论和应用[J]. 经济学(季刊)10: 1401-1422.

陈钊, 熊瑞祥. 2015. 比较优势与产业政策效果——来自出口加工区准实验的证据[J]. 管理世界(8): 67-80.

崔敏, 魏修建. 2015. 服务业各行业生产率变迁与内部结构异质性[J]. 数量经济技术经济研究(4): 3-21.

方宽. 2002. 我国国民经济行业分类标准的沿革及与国际标准的比较[J]. 统计研究(7): 27-31.

高培勇. 2006. 中国税收持续高速增长之谜[J]. 经济研究(12): 13-23.

高培勇, 毛捷. 2013. 间接税税收优惠的规模、结构和效益: 全国税收调查的经验证据[J]. 中国工业经济(12): 143-155.

耿强, 江飞涛, 傅坦. 2011. 政策性补贴、产能过剩与中国的经济波动[J]. 中国工业经济(5): 27-36.

郭庆旺, 吕冰洋. 2010. 中国税收负担的综合分析[J]. 财经问题研究(12): 3-10.

国际货币基金组织. 2013. 国际收支和国际投资头寸手册(第六版, BPM6)[M]. 华盛顿: 国际货币基金组织.

国家统计局, 国家科技部. 1991. 中国科技统计年鉴(1991)[M]. 北京: 中国统计出版社.

国家统计局国民经济核算司. 1997. 中国投入产出表(延长表)编制方法[M]. 北京: 中国统计出版社.

韩丽萍. 2016. 生产税对居民初次分配总收入影响研究[J]. 数理统计与管理(3): 319-28.

贺菊煌. 1992. 我国资产的估算[J]. 数量经济技术经济研究(8): 24-27.

黄先海, 谢璐. 2005. 中国汽车产业战略性贸易政策效果的实证研究: 中国产业政策的取向与根本缺陷[J]. 世界经济研究(12)：59-63.

简泽. 2011. 企业间的生产率差异、资源再配置与制造业部门的生产率[J]. 管理世界(5)：11-23.

江飞涛,李晓萍. 2010. 直接干预市场与限制竞争：中国产业政策的取向与根本缺陷[J]. 中国工业经济(9)：26-36.

江小涓. 1999. 体制转轨时期的增长、绩效与产业组织的变化：对中国若干行业的实证研究[M]. 上海：上海人民出版社、三联出版社.

江永宏,孙凤娥. 2016. 中国R&D资本存量测算：1952—2014年[J]. 数量经济技术经济研究(7)：112-129.

孔东民,刘莎莎,王亚男. 2013. 市场竞争、产权与政府补贴[J]. 经济研究(2)：55-67.

黎文靖,李耀淘. 2014. 产业政策激励了公司投资吗？[J]. 中国工业经济(5)：122-132.

黎文靖,郑曼妮. 2014. 实质性创新还是策略性创新？——宏观产业政策对微观企业创新的影响[J]. 经济研究(4)：60-73.

李京文,龚飞鸿,明安书. 1996. 生产率与中国经济增长[J]. 数量经济技术经济研究(12)：27-40.

李平,江飞涛,王宏伟. 2010. 重点产业调整振兴规划评价与政策取向探讨[J]. 宏观经济研究(10)：3-12.

李系,刘学文,王勇. 2014. 一个中国经济发展的模型[J]. 经济学报(4)：1-48.

李小平,卢现祥,朱钟棣. 2008. 国际贸易、技术进步和中国工业行业的生产率增长[J]. 经济学季刊,(7)：549-564.

联合国,欧盟委员会,经济合作与发展组织,国际货币基金组织,世界银行. 2012—2008国民账户体系[M]. 中国国家统计局国民经济核算司,中国人民大学国民经济核算研究所,译. 北京：中国统计出版社.

林毅夫,蔡昉,李周. 1999. 比较优势与发展战略——对"东亚奇迹"的再解释[J]. 中国社会科学(5)：4-17.

林毅夫，李志赟．2004．政策性负担、道德风险与预算软约束[J]．经济研究(2)：17-27．

刘慧龙，吴联生．2014．制度环境、所有权性质与企业实际税率[J]．管理世界(4)：42-52．

刘行，李小荣．2012．金字塔结构、税收负担与企业价值：基于地方国有企业的证据[J]．管理世界(8)：91-105．

刘怡，聂海峰．2004．间接税负担对收入分配的影响分析[J]．经济研究(5)：22-30．

罗长远，张军．2009．经济发展中的劳动收入占比：基于中国产业数据的实证研究[J]．中国社会科学(4)：65-79．

罗德明，李晔，史晋川．2012．要素市场扭曲、资源错置与生产率[J]．经济研究(3)：4-14．

吕光明．2011．中国劳动收入份额的测算研究：1993—2008[J]．统计研究(28)：22-28．

吕冰洋，禹奎．2009．我国税收负担的走势与国民收入分配格局的变动[J]．财贸经济(3)：72-77．

吕冰洋，郭庆旺．2011．中国税收高速增长的源泉：税收能力和税收努力框架下的解释[J]．中国社会科学(2)：76-90．

迈克尔·波特等．2001．日本还有竞争力吗(中文版)[M]．北京：中信出版社．

聂海峰，刘怡．2010．城镇居民的间接税负担：基于投入产出表的估算[J]．经济研究(7)：31-42．

聂辉华，贾瑞雪．2011．中国制造业企业生产率和资源误置[J]．世界经济(7)：27-42．

青木昌彦，凯文·穆尔多克，奥野正宽．1998．东亚经济发展中政府作用的新诠释：市场增进论[M]//青木昌彦等．政府在东亚经济发展中的作用：比较制度分析．北京：中国经济出版社．

任若恩，孙琳琳．2009．我国行业层次的TFP估计：1981—2000[J]．经济学季刊（8）：925-950.

任曙明，吕镯．2014．融资约束、政府补贴与全要素生产率——来自中国装备制造企业的实证研究[J]．管理世界（11）：10-23.

宋凌云，王贤彬．2013．重点产业政策、资源重置与产业生产率[J]．管理世界（12）：64-77.

申广军，陈斌开，杨汝岱．2016．减税能否提振中国经济？——基于中国增值税改革的实证研究[J]．经济研究（11）：70-82.

施炳展，逯建，王有鑫．2013．补贴对中国企业出口模式的影响：数量还是价格[J]．经济学（季刊）（12）：1413-1422.

谭洪波，郑江淮．2014．中国经济高速增长与服务业滞后并存之谜——基于部门全要素生产率的研究[J]．中国工业经济（9）：5-17.

王韬，萧艳汾．2006．企业税收负担及其经济影响的测算分析[J]．税务研究（3）：78-81.

王林辉，袁礼．2014．资本错配会诱发全要素生产率损失吗？[J]．统计研究（8）：11-18.

吴敬琏．2016．强化竞争政策[C]．北京：中国经济与国际合作年会．

吴敬琏，八田达夫，陈清泰．2016．反思产业政策[J]．比较（6）：260-279.

吴联生．2009．国有股权、税收优惠与公司税负[J]．经济研究（10）：109-120.

小宫隆太郎，奥野正宽等．1988．日本的产业政策（中文版）[M]．北京：国际文化出版公司．

许宪春．2005．税收收入增长与GDP增长[J]．税务研究（3）：11-12.

许宪春，贾海，李皎，李俊波．2015．房地产经济对中国国民经济增长的作用研究[J]．中国社会科学（1）：84-101.

许宪春．2016．中国政府统计学[M]．教材手稿．

薛瑞，李茜，车嘉丽．2016．产业政策、产权与企业融资效率[J]．财会月刊（26）：29-34.

鄢萍．2012．资本误配置的影响因素初探[J]．经济学（季刊）（2）：489-520.

杨斌．1998．宏观税收负担总水平的现状分析及策略选择［J］．经济研究（11）：47-54．

杨之刚，丁琳，吴斌珍．2000．企业增值税和所得税负担的实证研究［J］．经济研究（12）：26-35．

杨汝岱．2015．中国制造业企业全要素生产率研究［J］．经济研究（2）：61-74．

余明桂，范蕊，钟慧洁．2016．中国产业政策与企业技术创新［J］．中国工业经济（12）：5-22．

袁志刚，解栋栋．2011．中国劳动力错配对 TFP 的影响分析［J］．经济研究（7）：4-17．

朱喜，史清华，盖庆恩．2011．要素配置扭曲与农业全要素生产率［J］．经济研究（5）：86-98．

张军，章元．2003．对中国资本存量 K 的再估计［J］．经济研究（7）：35-43．

张维迎．2016．我为什么反对产业政策——与林毅夫辩［J］．比较（6）：174-192．

赵昌文等．2016．新时期中国产业政策研究［M］．北京：中国发展出版社．

赵兰，周亚利．2014．产业政策与企业创新绩效——以战略性新兴产业为例［J］．财会月刊（2）：86-91．

中国国家统计局国民经济核算司．2011．中国第二次经济普查年度国内生产总值核算方法(2008 年)［S］．

中国国家统计局国民经济核算司．2013．中国非经济普查年度国内生产总值核算方法(第一次修订)［S］．

中华人民共和国国家统计局．2014．国家统计调查制度(2014)［S］．

中华人民共和国国家统计局．2015．工业统计报表制度(2015)［S］．

周世民，盛月，陈勇兵．2014．生产补贴、出口激励与资源错置：微观证据［J］．世界经济（12）：47-66．

AGHION P, DEWATRIPONT M, DU L-S, HARRISON A and LEGROS P.

2015. Industrial Policy and Competition[J]. American Economic Journal, 7 (4): 1-32.

AMARAL, PEDRO S, QUINTIN. 2010. Limited Enforcement, Financial Intermediation, and Economic Development: A Quantitative Assessment [J]. International Economic Review, 3: 151-72.

AOKI, SHUHEI. 2012. A Simple Accounting Framework for the Effect of Resource Misallocation on Aggregate Productivity [J]. Journal of the Japanese and international economics, 4: 473-494.

BAI, CHONG-EN, DAVID D LI, ZHIGANG TAO and YI JIANG WANG. 2000. A Multi task Theory of State Enterprise Reform [J]. Journal of Comparative Economics, 28: 716-738.

BAI C E, LU J, TAO Z. 2006. The multitask theory of state enterprise reform: empirical evidence from China[J]. The American Economic Review, 96 (2): 353-357.

BANERJEE A, DUFLO E. 2005. Growth theory through the lens of development economics[J]. In AGHION P and DURLAUF S, editors, Handbook of Economic Growth, 1: 473-552.

BANERJEE A, MOLL B. 2010. Why Does Misallocation Persist? [J]. American Economic Journal: Macroeconomics, 1: 189-206.

BAQAEE D R, FARHI E. 2020. Productivity and Misallocation in General Equilibrium[J]. The Quarterly Journal of Economics, 135(1): 105-163.

BARTELSMAN E, HALTIWANGER J, SCARPETTA S. 2013. Cross-Country Differences in Productivity: The Role of Allocative Efficiency[J]. American Economic Review, 1: 305-334.

BEASON R, WEINSTEIN. 1986. Growth, Economies of Scale and Targeting in Japan(1955-1990) [J]. Review of Economics and Statistics, 78 (2): 286-95.

BEATH J. 1989. UK Industrial Policy: Old Tunes on New Instruments? [J].

Oxford Review of Economic Policy, 18(2): 221-239.

BLONIGEN B. 2013. Industrial Policy and Downstream Export Performance[D]. NBER Working Paper 18694.

BORENSZTEIN, EDUARDO and JONATHAN D. OSTRY. 1996. Accounting for China's Growth Performance[J]. American Economic Review, 86 (2): 224-228.

BOSWORTH, BARRY and COLLINS M. 2008. Accounting for Growth: Comparing China and India[J]. Journal of Economic Perspectives, 22(1): 45-66.

BRANDT, LOREN, TOMBE, TREVOR, ZHU, XIAODONG. 2013. Factor Market Distortions Across Time, Space and Sectors in China[J]. Review of Economic Dynamics, 16: 39-58.

BUERA F J, KABOSKI J P, SHIN Y. 2011. Finance and Development: A Tale of Two Sectors[J]. American Economic Review, 5: 1964-2002.

BUERA F J, SHIN Y. 2013. Financial Frictions and the Persistence of History: A Quantitative Exploration[J]. Journal of Political Economy, 2: 221-272.

CABALLERO R J, TAKEO H, Kashyap K. 2008. Zombie Lending and Depressed Restructuring in Japan [J]. American Economic Review, 5: 1943-77.

CHANG H-J. 1994. The Political Economy of Industrial Policy[M]. St. Martin's Press.

CHEN, KUAN, Jefferson G H, RAWSKI T G, HONGCHANG W, YUXIN Z. 1988. Productivity Change in Chinese Industry: 1953-1985[J]. Journal of Comparative Economics, 12 (4): 570-591.

CHEN Y, HE Z, ZHANG L. 2013. The Effect of Investment Tax Incentives: Evidence from China's Value-Added Tax Reform [M]. Social Science Electronic Publishing.

Chow, Gregory C. 1993. Capital Formation and Economic Growth in China[J].

Quarterly Journal of Economics, 108 (3): 809-842.

CLARIDA R. 2010, The Mean of the New Normal is an Observation Rarely Realized: Focus also on the Tails[J]. Global Perspectives PIMCO, (7).

COFFEY W J. 2000. The Geographies of Producer Services [J]. Urban Geography, 21(2).

CULL R, XU L. 2003. Who Gets Credit? The Behavior of Bureaucrats and State Banks in Allocating Credit to Chinese State-owned Enterprises[J]. Journal of Development Economics, 71(2): 533-559.

CURZON PRICE. 1981. Industrial Policy in the European Community [M]. London: Macmillan.

DENISON, EDWARD F. 1962. Sources of Economic Growth in the U.S. and the Alternatives before Us [M]. New York: Committee for Economic Development.

DOLLAR D, WEI S J. 2007. Das (Wasted) Kapital: Firm Ownership and Investment Efficiency in China[D]. IMF Working Paper.

DOMAR, EVSEY D. 1961. On the Measurement of Technological Change[J]. The Economic Journal, 71 (284): 709-729.

EUROSTAT. 2013. European system of accounts (2010) [M]. Luxembourg: Publications Office of the European Union.

FOREMAN-PECK J, FREDERICO G. 1999. European Industrial Policy: The Twentieth Century Experience[M]. Oxford University Press.

GEROSKI P A. 1989. European Industrial Policy and Industrial Policy in Europe[J]. Oxford Review of Economic Policy, 5(2): 20-36.

GREENWOOD, JEREMY, SANCHEZ, CHENG W. 2010. Quantifying the Impact of Financial Development on Economic Development[D]. Federal Reserve Bank of Richmond Working Paper.

GOLLIN D. 2002. Getting Income Shares Right [J]. Journal of Political Economy, 6: 458-474.

参考文献

GUNER N, VENTURA G, XU Y. 2008. Macroeconomic Implications of Size-Dependent Policies[J]. Review of Economic Dynamics, 11: 721-744.

HALL R E, JONES C. 1999. Why Do Some Countries Produce So Much More Output Per Worker Than Others? [J]. Quarterly Journal of Economics, 114(1), 83-116.

HAYASHI, FUMIO, PRESCOTT E C. 2008. The Depressing Effect of Agricultural Institutions on the Prewar Japanese Economy[J]. Journal of Political Economy, 4: 573-632.

HEO Uk, Kim S. 2000. Financial Crisis in South Korea: Failure of the Government-led Development Paradigm [J]. Asian Survey, 40(3): 492-507.

HERBERT G, GRUBEL, WALKER M A. 1989. Service Industry Growth: Cause and Effects[M]. Fraser Institute.

HOPENHAYN H, ROGERSON R. 1993. Job Turnover and Policy Evaluation: A General Equilibrium Analysis [J]. Journal of Political Economy, 5: 915-938.

HSIEH, CHANG-TAI and PETER J. 2009. Klenow. Misallocation and Manufacturing TFP in China and India[J]. Quarterly Journal of Economics, 4: 1043-1448.

HSIEH, CHANG-TAI and SONG, ZHENG, 2015. Grasp The Large, Let Go of The Small: The Transformation of The State Sector In China [M]. forthcoming, Brookings Papers on Economic Activity.

HU, ZULIU F and MOHSIN S. KHAN. 1997. Why is China growing so fast? [J]. IMF Staff Papers, 44(1): 103-131.

HUANG, YASHENG. 2012. How Did China Take Off? [J]. Journal of Economic Perspectives, 26(4): 147-70.

HULTEN, CHARLES R. 1978. Growth Accounting with Intermediate Inputs[J]. Review of Economic Studies, 45(3): 511-518.

International Monetary Fund. 2014. Government Finance Statistics Manual (2014)[R]. Washington, D. C. : International Monetary Fund.

JEONG, HYEOK, ROBERT M. TOWNSEND. 2007. Sources of TFP Growth: Occupational Choice and Financial Deepening[J]. Economic Theory, 1: 179-221.

DAVID J M, HOPENHAYN H A, VENKATESWARAN. 2014. Information, Misallocation and Aggregate Productivity[N]. NBER Working Paper.

JOHNSON C. 1982. MITI and the Japanese Miracle: The Growth of Industrial Policy, 1925-1975[M]. Stanford University Press.

JOHNSON C. 1984. The Idea of Industrial Policy[M]. in C. Johnson(eds.), The Industrial Policy Debate, Institute for Contemporary Studies.

JONES, CHARLES I. 2010. Misallocation, Economic Growth and Input-Output Economics[M]. Stanford GSB manuscript.

JORGENSON, DALE W. 1963. Capital Theory and Investment Behavior[J]. American Economic Review, 53(2): 247-259.

JORGENSON, DALE W, Griliches Z. 1967. The Explanation of Productivity Change[J]. Review of Economic Studies, 34(3): 249-283.

JORGENSON, DALE W. 1990. Productivity and Economic Growth[M]. in Ernst R. Berndt and Jack E. Triplett (eds.), Fifty Years of Economic Measurement, NBER, Studies in Income and Wealth Volume 54. Chicago and London: University of Chicago Press, 19-118.

JORGENSON, DALE W, HO M S, STIROH K J. 2005. Information Technology and the American Growth Resurgence, Productivity[J]. volume 3. Combridge: MIT Press.

JUSTIN YIFU LIN, FANG CAI and ZHOU LI. 1998. Competition, Policy Burdens, and State-Owned Enterprise Reform[J]. The American Economic Review, 2: 422-427.

KALDOR, NICHOLAS. 1961. Capital Accumulation and Economic Growth[M].

In The Theory of Capital, edited by Friedrich A. Lutz and Douglas C. Hague. New York: St. Martin's Press (for Internat. Econ. Assoc.).

KLINGER B, LEDERMAN D. 2004. Discovery and Development: An Empirical Exploration of "New" Products[D]. World Bank Policy Research Working Paper, No. 3450.

KRUEGER A O. 1974. The Political Economy of the Rent-Seeking Society[J]. The American Economic Review, 64(3): 291-303.

KRUEGER A O, TUNCER B. 1982. An Empirical Test of the Infant Industry Argument[J]. American Economic Review, 72(5): 1142-1152.

KRUGMAN P. 1997. What Ever Happened to the Asian Miracle? [J]. Forture, 136(4): 26-29.

KRUGMAN P, OBSTFELD M. 2005. International Economics: Theory and Policy, Addison-Wesley[M].

LEE J W. 1996. Government Interventions and Productivity Growth in Korean Manufacturing Industries[J]. Journal of Economic Growth, 1: 391-414.

LEONTIEF, WASSILY. 1936. Quantitative Input and Output Relations in the Economic System of the United States [J]. Review of Economics and Statistics, 18 (3): 105-125.

LEQUILLER F, BLADES D. 2014. Understanding National Accounts (Second Edition)[M]. OECD Publishing.

LI HONGBIN, ZHOU LI-AN, 2005. Political Turnover and Economic Performance: The Incentive Role of Personnel Control in China[J]. Journal of Public Economics, 89: 1743-62.

Lin J Y, 1992. Rural Reforms and Agriculture Growth in China[J]. American Economic Review, 82: 34-51.

Lin J Y, SUN X, WU H X. 2015. Banking Structure and Industrial Growth: Evidence From China[J]. Journal of Banking & Finance, 58: 131-143.

LITTLE, IAN M D. 1982. Economic Development [M]. New York: Basic

Books.

LU D. 2010. Exceptional Exporter Performance? Evidence From Chinese Manufacturing Firms[M]. mimeo, Chicago University, 2010.

LU J, LU Y, TAO Z. 2010. Exporting Behavior of Foreign Affiliates: Theory and Evidence[J]. Journal of International Economics, 81: 197-205.

MARSHALL J N, DAMESICK P, Wood P. 1987. Understanding the Location and Role of Producer Services in the U.K. [R]. Environment and Planning A, 19.

MELITZ M J. 2003. The Impact of Trade on Intra-Industry Reallocations and Aggregate Industry Productivity[J]. Econometrica, 71(6): 1695-1725.

MIDRIGEN V, XU D Y. 2014. Finance and Misallocation: Evidence from Plant-Level Data[J]. American Economic Review, 2: 422-58.

MUNSHI, KAIVAN, MARK ROSENZWEIG. 2016. Networks and Misallocation: Insurance, Migration, and the Rural-Urban Wage Gap[J]. American Economic Review, 1: 46-98.

NELSON R, Phelps E. 1966. Investment in Humans, Technological Diffusion, and Economic Growth[J]. American Economic Review, 69-75.

OECD. 1975. Objectives and Instruments of Industrial Policy: A Comparative Study[R]. Paris.

PACK H. 2000. Industrial Policy: Growth Elixir or Poison? [J]. The World Bank Research Observer, (15): 47-67.

PARENTE S L. PRESCOTT E C. 1994. Barriers to Technology Adoption and Development[J]. Journal of Political Economy, 298-321.

PEEK J, RESENBERG. 2005. Unnatural Selection: Perverse Incentives and the Misallocation of Credit in Japan [J]. American Economic Review, 4: 1144-1166.

PERKINS, DWIGHT H, RAWSKI T G. 2008. Forecasting China's Economic Growth to 2025 [M]. Chapter 20, in LOREN BRANDT, THOMAS G.

参考文献

RAWSKI (eds.) China's Great Economic Transformation[D]. Cambridge University Press.

PETERS M. 2011. Heterogeneous Mark-Ups and Endogenous Misallocation[D]. MIT Working Paper.

POWELL B. 2005. State Development Planning: Did It Create An East Asian Miracle? [J]. Review of Austrian Economics, 18: 305-323.

PRESCOTT E C. 1998. Needed: A Theory of Total Factor Productivity[J]. International Economic Review, 39: 525-52.

RESTUCCIA, DIEGO, RICHARD ROGERSON. 2008. Policy Distortions and Aggregate Productivity with Heterogeneous Plants[J]. Review of Economic Dynamics, 11: 707-720.

RESTUCCIA D, ROGERSON R. 2013. Misallocation and Productivity[J]. Review of Economic Dynamics, 1: 1-10.

ROBINSON J A. 2009. Industrial Policy and Development: A political Economy Perspective[D].

RODRIK D. 2004. Industrial Policy for the Twenty-First Century[D]. KSG Working Paper No. RWP04-047, Harvard University.

SHARP M. 1998. What Is Industrial Policy and Why Is It Necessary? [D]. Paper Prepared for TSER Project on Science, Technology and Broad Industrial Policy.

SONG, MICHAEL ZHENG, STORESLETTEN, KJETIL, ZILIBOTTI, FABRIZIO, 2011. Growing Like China[J]. American Economic Review, 101: 202-241.

STANBACK T, BEARSE P, NOYELLE T, KARSEK R. 1981. Services: A New Look at the U. S. Economy[M]. Totowa, N. Y. Allan Held Osmun and Co.

STIGLIZ J E, LIN J Y, MONGA C. 2013. The Rejuvenation of Industrial Policy [D]. The world Bank Working Paper.

TREZISE P H. 1983. Industrial policy is not the major reason for Japan's success [J]. The Brookings Review, 3: 13-18.

TYSON L, ZYSMAN J (eds.) 1984. American Industry in International Competition: Government Policies and Corporate Strategies[D].

WACHTER M L, WACHTER S M. 1981. "Introduction", in M. L. WACHTER and S. M. WACHTER (eds.), Toward a new U.S. Industrial Policy? [M]. Philadelphia: University of Pennsylvania Press.

WADE R. 1990. Governing the Market: Economic Theory and the Role of Government in East Asia Industrialization[M]. Princeton University Press.

WARWICK KEN. 2013. Beyond Industrial Policy: Emerging Issues and New Trends[D]. OECD Science, Technology and Industry Policy Paper, No. 2.

WOLF, MARTIN. 2007. The Growth of Nations[J]. Financial Times. 21.

WOLFF E N. 2007. Measures of Technical Change and Structural Change in Services in the USA[J]. Metroeconomica, 53(3), 368-395.

WU, HARRY X. 2014a. China's growth and productivity performance debate revisited-Accounting for China's sources of growth in 1949-2012[D]. The Conference Board Economics Working Papers, EPWP1401.

WU, HARRY X. 2014b. The Growth of "Non-material Services" in China—Maddison's "Zero-Labor-Productivity-Growth" Hypothesis Revisited [M]. The Economic Review, 65 (3), 265-283.

WU, HARRY X, KEIKO ITO. 2015. Reconstructing China's Supply-Use and Input-Output Tables in Time Series[D]. RIETI Discussion Paper, E-004.

WU, HARRY X, XIMING YUE, ZHANG G G. 2015a. Constructing Annual Employment and Compensation Matrices and Measuring Labor Input in China[D]. RIETI Discussion Paper, E-005.

WU, HARRY X. 2015. Constructing China's Net Capital and Measuring Capital Services in China, 1980-2010[D]. RIETI Discussion Paper, E-006.

WU, HARRY X, SHEA E Y P, Shiu A. 2015b. Has China's Fast Industrial

Growth Been Efficient? An Industry-Level Investigation with a Newly Constructed Data Set[J]. Applied Economics, 40: 4275-4298.

WU, HARRY X. 2016. China's Institutional Impediments to Productivity Growth [D]. WORKING PAPER.

XU CHENGGANG, 2011. The Fundamental Institutions of China's Reforms and Development[J]. Journal of Economic Literature, 49: 1076-1151.

YANG M J. 2011. Micro-Level Misallocation and Selection: Estimation and Aggregate Implications[D]. UC Berkeley Working Paper.

YOUNG, ALWYN. 2003. Gold into Base Metals: Productivity Growth in the People's Republic of China during the Reform Period [J]. Journal of Political Economy, 111: 1221-61.

ZHANG J, WANG L, WANG S. 2012. Financial Development and Economic Growth: Recent Evidence From China [J]. Journal of Comparative Economics, 40: 393-412.

附录　CIP行业分类与CSIC/2002行业分类对应表

CIP代码	CSIC/2002	组别	行业	英文缩写
1	01t05（A）	农业（Agriculture）	农、林、牧、渔业	AGR
2	06（B）	能源工业（Energy）	煤炭开采和洗选业	CLM
3	07（B）	能源工业（Energy）	石油和天然气开采业	PTM
4	08t09（B）	基础材料工业（C&P）	金属矿采选业	MEM
5	10t11（B）	基础材料工业（C&P）	非金属矿采选业	NMM
6	13t15（C）	成品及半成品制造业（SF&F）	食品行业	F&B
7	16（C）	成品及半成品制造业（SF&F）	烟草制品业	TBC
8	17（C）	基础材料工业（C&P）	纺织业	TEX
9	18（C）	成品及半成品制造业（SF&F）	纺织服装、服饰业	WEA
10	19（C）	成品及半成品制造业（SF&F）	皮革、毛皮、羽毛及其制品和制鞋业	LEA
11	20t21（C）	成品及半成品制造业（SF&F）	木材加工和家具制造业	W&F
12	22t23（C）	基础材料工业（C&P）	造纸与印刷业	P&P
13	25（C）	能源工业（Energy）	石油加工、炼焦和核燃料加工业	PET
14	26t28（C）	基础材料工业（C&P）	化工原料及相关行业	CHE
15	29t30（C）	成品及半成品制造业（SF&F）	橡胶和塑料制品业	R&P
16	31（C）	基础材料工业（C&P）	建筑材料业	BUI

续表

CIP代码	CSIC/2002	组别	行业	英文缩写
17	32t33(C)	基础材料工业(C&P)	金属冶炼和压延加工业	MET
18	34(C)	成品及半成品制造业(SF&F)	金属制品业	MEP
19	35t36(C)	成品及半成品制造业(SF&F)	通用和专用设备制造业	MCH
20	39(C)	成品及半成品制造业(SF&F)	电气设备制造业	ELE
21	40(C)	成品及半成品制造业(SF&F)	电子通信设备制造业	ICT
22	41(C)	成品及半成品制造业(SF&F)	仪器仪表及文化、办公用机械制造业	INS
23	37(C)	成品及半成品制造业(SF&F)	交通运输设备制造业	TRS
24	24,42t43(C)	成品及半成品制造业(SF&F)	其他制造业	OTH
25	44t46(D)	能源工业(Energy)	电力、热力、燃气及水生产和供应业	UTL
26	47t50(E)	建筑业(Construction)	建筑业	CON
27	63,65(H)	其他市场服务业(Service Ⅱ)	批发和零售业	SAL
28	66t67(I)	其他市场服务业(Service Ⅱ)	住宿和餐饮业	HOT
29	51t59(F)	国有垄断服务业(Service I)	交通运输、仓储和邮政业	T&S
30	60t62(G)	国有垄断服务业(Service I)	信息传输、软件和信息技术服务业	P&T
31	68t71(J)	国有垄断服务业(Service I)	金融业	FIN
32	72(K)	其他市场服务业(Service Ⅱ)	房地产业	REA
33	73t78(L,M)	其他市场服务业(Service Ⅱ)	租赁、科学、技术和商务服务业	BUS
34	79t81(N) 93t98(S,T)	非市场性服务业(Service Ⅲ)	公共管理与国防	ADM
35	84(P)	非市场性服务业(Service Ⅲ)	教育	EDU
36	85t87(Q)	非市场性服务业(Service Ⅲ)	卫生和社会工作	HEA
37	82t83(O) 88t92(R)	其他市场服务业(Service Ⅱ)	其他服务业	SER